LOVE STRONG

# 我愛/我強大

我和你，再一次愛上了我們，
筋肉媽媽從筋膜到心靈的修復課

筋肉媽媽 著

## Chapter 2. 原來，沒有那麼多的如果

## Chapter 3. 低潮中，我愛上你那強大的靈魂

推薦序

# 一起勇敢地愛護彼此下去

／

剛認識我的時候，妳說喜歡我，
因為我的個性，還有外表，都吸引妳；
結婚滿兩年的時候，妳說喜歡我，
因為我們有了孩子，要共組家庭；
認識四、五年的時候，我們已經說不出愛了，
每天只有柴米油鹽，生活平淡；
認識六年的時候，妳說不喜歡我了，
因為妳想要自由，想要單身戀愛；
認識七年的時候，妳開始說愛我，要再一起努力，
只是依舊常常爭吵，彼此不相讓；
認識八年的現在，妳說愛我，只是我不知道自己有什麼值得讓妳愛了。

我生病，也沒有工作，妳大可找另外的人。
今天早上，妳突然哭著說，好怕再失去我。
我睡夢中醒來，聽到妳哭泣，安慰妳，說我很好、我都在！

謝謝妳陪伴在我身邊，
希望有一天我的肩膀能再度茁壯，讓妳依靠。
謝謝一直陪在我身邊的妳。
有過歡笑、甜蜜、爭吵、冷淡、和好、再一次相愛，
領會人生生死之際，成熟看待陪伴。

謝謝妳和兒子那麼地愛我，我好愛妳和兒子！

By 筋肉爸爸

作者序

## 回家日

／

我的老公——筋肉爸爸，要準備回家了。事情其實有點突然，因為原本預計出院的日期是下週四。

昨天他在醫院嫌無聊，下午我便傳了兩篇媒體專訪給他。老公一看到標題上的「出軌、外遇」，整個人緊張了起來。

「妳寫了什麼啊～什麼外遇！」聲音有點驚恐。

「不是我寫的，是編輯採訪後寫的啦～寫得很棒～」我說。

「那妳講了什麼？什麼外遇與出軌？」他照樣緊張。

「你看完全部嘛！看完就知道不用緊張了啦～」我安撫著他。

「我眼睛又還看不清楚，累死了……」他碎碎唸掛了電話。

半個小時後，老公再度打來。電話的那一頭，他正在啜泣！

「你怎麼了，你在哭嗎？」換我很驚恐！我真的很緊張，對於那早應該出現的淚水。

那天筋肉爸爸突然中風，只是補個眠，就回不到原本的自己。第二天他在加護病房甦醒後，發現連話都講不太出來、翻身成為不可能的任務……但他「一滴」眼淚，都沒有流過。

原本再隔一個月，就要代表國家健美隊出賽歐洲的他，卻在一個如常的早晨世界大變。再睜開眼睛時，已經不能自在驅動自己的右半側，甚至連吞口水都難如登天。

接下來的日子，除了不斷做各種檢查診療，確保腦神經受損範圍沒有擴大；還得定時打針，讓身體血流保持順暢；點滴無法離身，因為無法靠吞嚥獲得水分；得時時監控血壓，因為中風後的急性期最怕二度中風；最難受的就是身上插滿了管子，鼻胃管導水和食物，導尿管輸出尿液……

筋肉爸爸的世界彷彿颳起一陣颶風，我們的家也跟著被摧殘撕裂；

接下來的每一天，誰還敢想著未來?能求的，只是順利度過每個小時。

住院期間，筋肉爸爸就跟小嬰兒一樣，得學習使用自己的身體。但小嬰兒是因為腦神經正在發育，需要被鍛鍊；老公則是負責管理運動的腦神經壞死了，得訓練其他神經來幫忙活動身體。

他得學習吞口水，不被嗆到才能拔除鼻胃管，不然只能很羞辱感地從鼻孔灌入水與液態乳品。不學習坐起來，就不可能拔除導尿管，用尿壺排尿。但「坐」起來已經是很進階的動作，他得從移動軀幹、翻身開始練習，接著才可能坐起，坐起來後還要挑戰支撐住軀幹不癱軟下來，然後還有站著、跨步、抬腿……這些我們習以為常的每個動作。

支撐我們活著的如常，筋肉爸爸都做不出來了，得砍掉重練；即使常常力不從心、身體不聽使喚，但是，他一滴眼淚，都沒有流過。

前一天，他還可以用背肌拉起一百四十公斤，擁抱我，舉起兒子；太陽再升起，他卻抬不起自己的身體。每一天，他都很努力地求進步，即使身體呈現的是原地打轉；每一個睡醒，都要擔心癱瘓腿會僵硬萎縮，忍著疼痛，做著被動式關節活動。

即使如此，我的老公仍舊積極正向。

但在看完報導的那一刻，不只啜泣，他開始哭得像孩子……

「我看完這兩篇了，我想到好多以前的事……」他邊哭邊說。

「我們要往前看，我好愛你喔～我們要更好！」我慌張得不得了。

「我想到以前，我想跟妳說對不起。」他說。

「我想跟妳說對不起。」電話那頭傳出這句話，換我，眼淚在眼眶裡打轉。

過去發生很多事，家計困頓、出軌、小三、職場領域互別苗頭……

我們都曾經覺得不想再原諒對方；不甘心與怨懟在內心的某一處滋長，無法釋懷。閃婚裸婚時的坦誠相見，幾年來，早已在相處時的偽裝與保護盔甲下消失殆盡。

我們早就遺忘了，單純愛對方的美好；

我們已經不記得，相處時不用諜對諜的輕鬆；

只是「單單純純地愛對方」，就像我們單單純純地愛著孩子，

在婚姻的這幾年，即使想要，也想不起來了。

直到經歷生離死別，這一句真心的道歉，正式化解了八年婚姻累積的諸多恩怨，卸除了那些從沒必要的武裝。過去夫妻相處時，自己的強勢與任性，難道不是造成婚姻失和的原因嗎？其實，我更想對老公說對不起，然後抱著他，說我好愛他。

又隔了幾個小時，筋肉爸爸再度來電：「我決定了，我明天就要出院回家！反正不差這幾天！」

是愛的魔力嗎？

於是，在筋肉大爺的堅持下，問過醫師，拍板定案回家的時刻。

距離上回跟他躺在同張床上，那已經是兩個多月以前的事。他買的洗面乳還沒有拆封，正等著主人回家用它。家裡又將有男主人的聲音了，兒子再也不用面對空蕩蕩只有奶奶陪伴的空間。就算要開始我的不專業看護人生，我也會當「跪婦」當得甘之如飴。

週末快到了，我的家，又將再度完整。

我的老公，我最愛的男人，我的摯友，我的情人，要回家了！

## 使用說明——
## 運動，為身體、人生重建選擇權！

運動可以改善情緒與舒緩憂鬱，我自己就是依靠運動走出低潮，面對人生不再用悲觀角度來解讀。能夠樂觀面對挫折是人生必要的鍛鍊，事在人為，沒有解決不了的問題，只有糾結受困的心。

從生理與心理層面來看，下列三點是運動之所以能幫助我們積極的關鍵。

### ☞改善筋膜狀況

筋膜是讓人體形塑成現狀、傳遞養分、幫助運動、提升身體感知的重要器官；它就像蜘蛛網般從身體淺層到深層，將肌肉、骨骼、內臟包覆串連在一起。現今的研究已將筋膜視成「一個整體」的器官。

不健康的筋膜會減少肌肉滑動，導致身體經常痠痛、慢性發炎，連帶也影響心情。身體的本體感覺變差，日常生活力不從心，無法控制好自己的身體，正是另一個令人日漸萎靡的理由。

本體感覺是指「感受自己身體的能力」及「感受身體內在動作哪裡彼此連結」，所以我們才能自在地使用身體的每一塊肌肉、感受筋膜力量。但也有學者認為，本體感覺就是大家常說的「第六感」，超越聽覺、觸覺、視覺、嗅覺、味覺等五感，例如聞到一股氣味，便勾出內心的感動；聽到海潮聲，就有了心靈穩定的感覺……

適當的運動，能讓身體肌筋膜更健康，從身體到心理一同茁壯。

## ☟平衡整體荷爾蒙

荷爾蒙就像細胞與細胞之間溝通的傳令兵，雖然荷爾蒙本身不會對細胞造成作用，但是若它無法傳遞訊息，細胞便不知道何時該工作、該做什麼工作，這樣的荷爾蒙失調便會造成許多生理上的病變。

運動能刺激與情緒、幸福感有關的荷爾蒙分泌——多巴胺，不僅能增加幸福感，還能提升專注力；血清素，能幫助情緒更穩定；腦內啡，可以阻擋痛苦感，刺激愉悅與滿足感。

和女性健康息息相關的女性荷爾蒙，也會因為運動而被調節得更穩定，改善經前症候群、穩定經期、預防更年期早發、舒緩更年期身心不適症狀。

## 加強自我效能

自我效能是加拿大心理學家亞伯特·班度拉（Albert Bandura）所提的概念，指的是「對自己具有能夠完成某事能力的信念」。但其實，自我效能和「自我判斷」比較有關，而非實際的能力或技能；白話點說，自我效能高的人都很會「腦補」——相信自己做得到，也會實際行動想辦法達標，正面看待自己，把困難當成鍛鍊（而非威脅），自我提升直到能夠掌握狀況。

但是，當運動方式錯誤或者不適合自己時，可能就會本末倒置，連同身體肌筋膜、荷爾蒙都朝向負面發展。

## 運動前的第一步

因為有更好的柔軟度，所以能做出更完整範圍的關節動作；因為想要轉動骨盆就轉動骨盆，所以能夠調節下背痠痛的感覺；當身體筋膜肌肉都恢復彈性，才能避免因為肌肉筋膜沾黏而限制了想做的運動。

因此，想要開始運動，第一件事就是「恢復身體的柔軟與彈性」。誠如前面所提，運動可以增進自我效能感，其中包含了「我能夠做到」的信念。有了自我肯定，才能讓後續自我效能感更加提升。

選擇柔軟度當成運動的第一步，不論在哪個教練養成課程都是必要傳授的觀念；相對於心肺功能、肌耐力，柔軟度更是進步最快的能力，所以從柔軟度開始鍛鍊自己，將是提升「自我肯定」、「信心」、「成就感」最快的方法之一。

這次，我特別分享PNF伸展與筋膜按摩，尤其適合每個想嘗試運動的人，甚至是忽略基礎的運動老手。循著這些方式去逐漸增加運動量，才能達到真正「身心靈」正向發展的目的。

## PNF伸展：看似不動但效果更大

PNF，中文為「本體感覺神經肌肉誘發」，是非常科學化的伸展方法。其中「肌肉等長收縮—放鬆」或是「肌肉等張收縮—放鬆」的伸展技巧，可以減低肌筋膜內張力，伸展到平時肌肉內難以伸展的部分。因為一條肌肉有千萬條肌肉纖維被筋膜包覆起來，每條肌纖維的緊繃程度不同，一般的伸展無法讓每一條肌纖維都拉伸到最適當長度。

肌肉等長收縮的運動，一般在家就很容易做到。等長收縮，是指「肌肉在長度不變的狀態下持續收縮」，例如做棒式時，身體肌肉就在做等長收縮。

當我們用盡全力做等長收縮時，身體會啟動位於肌肉與肌腱連接處的「高爾基腱器」，一旦肌肉張力增大時，就會跳出來抑制肌肉收縮，避免身體受傷，例如用盡全力拉超重的推車卻突然手軟拉不動，就是高爾肌腱器在保護身體避免拉傷。這時立刻做靜態伸展，肌肉就會反射性地放鬆，徹底讓平時緊繃的肌纖維真正被伸展。

這次，我將分享運用PNF「交互抑制」原理的運動，簡單來說，就是「主動肌收縮時，拮抗肌（對抗的肌肉的意思）收縮將會受到抑制，產生反射性的放鬆」，讓大家一起好好地放鬆、伸展。

## 筋膜按摩：改善本體感覺、動作及情緒

情緒差、壓力大時，為什麼肩頸總是痠痛？因為身體老是很痠很重，惡性循環下心情又更差了。

你以為痠痛來自抱孩子嗎？還是工作量太多、沒睡好、姿勢不良？

這些都是原因，卻不見得是根本問題所在。不然，為什麼才按摩ＳＰＡ沒多久又開始痠了呢？不用帶孩子放風時，肩頸也沒比較輕鬆啊！專業的運動員也會駝背滑手機，為何他們就不太會出現這些痠痛呢？

痠痛，與「壓力」、「情緒」、「身體的選擇性」大有關聯！筋膜緊繃會造成痠痛、壓力大會造成筋膜緊繃、情緒差會打亂呼吸節奏影響身體朝向痠痛發展、身體少了動作選擇性又不懂得為自己調節姿勢時，就造成更多的身體緊繃痠痛。

人的痛覺有很多種，有身體上的痛、情感上的痛。不論哪一種，歐洲研究學者發現這些感覺受器都藏在筋膜中，筋膜與自主神經系統可說是息息相關。

而筋膜按摩，可以改善本體感覺、運動動作，還有情緒。筋肉爸爸在自費復健時，有幸得到研究筋膜的科學團隊協助，做了非常多這方面的按摩。這一路的恢復過程，他的情緒始終能保持正向、身體穩定進展，可能就是因為有這樣的修復途徑。

建議大家平時就可以利用滾筒來幫自己按摩，除了舒緩壓力，也能讓循環代謝變好，增加肌肉滑動讓關節活動度變多，更是伸展運動前的必要準備。但請注意，表面光滑的款式比較適合用來舒緩筋膜張力與改善含水度。

## 關於筋膜槍

有研究證實，「振動」在運動訓練及軟組織修復是有正面的加分效果，例如提升神經反應、活化肌肉、增加血流、提高身體溫度、增加疼痛耐受度等。筋膜槍的高頻振動更可以刺激肌筋膜，促進組織血液循環，解除身體緊繃感。只要適當地在大肌群使用，就能幫助肌肉放鬆、改善姿勢偏位，讓身體更健康。

以振動做按摩的研究證實有好處：

- 改善運動所造成的肌肉僵硬（個人認為對日常生活久坐造成的肌肉緊繃，也有很大的改善效果）
- 恢復遲發性肌肉痠痛
- 提升自體筋膜保養的效果
- 提升局部刺激後的柔軟度
- 按摩時疼痛閾值提升，減少痛感
- 運動前可使用提升神經效能

建議可以在振動按摩後再做運動或伸展，都能得到更好的成效。

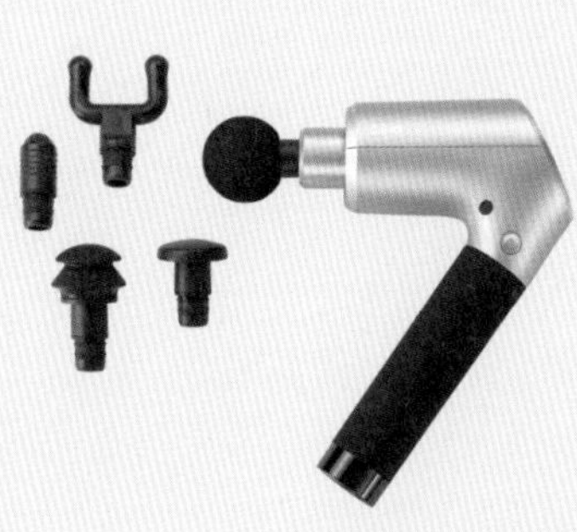

# Chapter 1

# 第一次聽見愛情碎掉的聲音

## 我的身體，孕育生命的同時，也流失了自己。

／

我和筋肉爸爸閃婚頭一年，像是熱戀情侶，同時也在摸索對方的個性。因為是裸婚，沒有房子、沒有車子、沒有孩子，兩袖清風欲望空空，生活中沒什麼值得爭吵的事情，能膩在一個十坪套房內，也覺得生活美滿無比。

婚後一年多，我懷孕了，同時心靈逐漸分裂成兩塊。一部分初嘗為人母的喜悅與期待，欣賞著肚子漸漸隆起的樣貌，感受著兒子在我體內呼吸、踢手踢腳的反應，想像著新生兒加入小家庭後的畫面，享受著購買嬰兒用品布置新生兒房的快樂。

但有另一部分，卻開啟了我少女時期慢慢累積的憂鬱與灰暗。那些灰暗，來自於遇到性騷擾後的被壓抑、國高中無法融入人群的孤單、被同學霸凌的自我厭惡、被強暴了的自我放棄，以及家人都去國外生活的被遺棄感……我總認為，自己是很難得到幸福，被疼愛的那一個。

我有著很幽暗的過去，曾經非常想要掩藏起來，覺得那是人生見不得光的恥辱。若不是自己的錯，那些傷害怎麼不發生在別人身上，卻都發生在我身上呢？

妄自菲薄、自我否定、失去自信、沒有主見、厭惡自己……這些情緒，伴隨我的青少年直到成年。

我會閃婚，其實是為了掩蓋那些憂鬱與挫敗。畢竟，過去的幾十年，早已認定世上沒有純淨忠貞的感情，也沒有人會願意好好疼我、讓我需要。筋肉爸爸的直接、熱情、單純，成了把我拉出深海漩渦的錨；那時，所有的自己都百分百地放在這段感情上。跟他在一起的時光，那些負面黑暗感受都消失了。

做什麼都想跟老公膩在一起啊！
完全不想有自己一個人的時光！
想要為了他，變得越來越美麗！
為了等他下班，我也去運動一下好了！

但，誰會料到，隨著肚子大起來後，那些黑暗感，又回來了。

我，覺得自己變得很醜，可能會再度被遺棄。
我，覺得對金錢有恐慌感，因為養育小孩似乎很花錢。
我，覺得自己不值得幸福，經歷了那些怎麼還能成為好母親。
我，害怕孩子會消失、會不健康，因為我有傷痕，不是健康的母體。
我，開始覺得筋肉爸爸，
終究有一天，會遺棄這樣的我。

當流失了自己以後，
我們的愛情，也破碎了——

越接近生產時刻，恐懼與自我貶值滋長，幽暗吞噬了陽光，慢慢地，恐懼超越了喜悅。那是我們夫妻關係第一次面臨緊張：老公不懂我的恐懼、煩躁；我不懂他的工作壓力、被忽略感。各種不舒服、擔憂未來、不安全感籠罩全身，我們的話題，漸漸地遠離了浪漫與愛情。

當他下班回家，我的話題只有這些……

「我好醜！我的副乳、馬鞍肉、肚子都好大；我瘦不回去了！」

「你到底有沒有努力？不升遷，怎麼養小孩？」

「寶寶今天沒有胎動，會不會出了什麼事？」

「嬰兒車好貴喔～為什麼嬰兒的東西都這麼天價？」

我只知道，每天他還是帥帥地出門，想著健身房的工作，誰知道他教學時有沒有跟學生親密互動。我不知道，事實上他面臨的業績壓力很大，沒有業績就沒有薪水，勞務報酬過低就無法養育待產的老婆與即將出世的孩子。

我只看到，自己越來越胖、越來越腫，連站起來、翻身、坐下都困難重重；我沒看到，他回家時，其實很需要妻子的慰藉與陪伴，那孤單的感受向誰訴說。我們的關係越來越緊張，朝著分歧的路途走著……顧不到雙方的需要、滿足不了夫妻之間彼此的需求。

隨著體內小生命越來越茁壯，我自己逐漸被啃蝕，失去了自信（或許從來沒有過）、失去了自由（不運動的孕程實在太破壞母體了），也失去了自我（什麼都是孩子最重要）。

當我流失了自己以後，我們的愛情，也跟著，破碎了。

# 出軌，讓我的愛情碎掉了。

我和筋肉爸爸不是模範夫妻，距離完美非常地遙遠。結婚八年來，該吵的、該鬧的、出軌的、互相動手的，什麼都發生過。我不是好老婆，他不是好老公，傷疤、衝突、偽裝、武裝是過去生活的痕跡，道德、完美沒有出現在這八年婚姻裡。

第一次，他先出軌，在我懷孕快要生產時，筋肉爸爸有了其他喜歡的女生！

那時我們共用一台電腦。某個週末，我接著他使用電腦，不知道為什麼我點了瀏覽紀錄，赫然發現一個陌生的女生名字。點進去看，這個女生長得還算漂亮，秀秀氣氣，看起來有男友，應該沒事吧，但有一種說不上來的怪異感。

女人的第六感總是很準，老公沒事看這女生的個人頁面幹嘛？加上自己快臨盆了，心情本來就有點鬱悶、外表又十分水腫，我對自己各方面都沒自信。當下的情緒就是「即使只是看美女，我也無法忍受，因為本人是為了懷你的小孩才變醜」。

他剛好在上廁所，我直接破門而入，本來只是想開玩笑消遣他；但是也就這麼剛好，他正在用手機跟那女生傳曖昧訊息。

筋肉爸爸不太會說謊，看我闖入已經滿臉慌張；開始質問後，他也吐實出來：「她是離職的櫃檯，會來找我聊天吃飯！」

「吃飯，吃到你要看她的臉書，你喜歡她嗎？」

我有點驚嚇他居然講出了我以為不會發生的事！「她自己找我的！我換工作後她也會來找，沒有喜歡，只是聊天而已！」竟然還全盤托出，嘴巴雖然說沒有什麼，但臉上有內疚的表情，我知道不是他們只有聊天而已。

「你說謊！你喜歡她才會讓她一直找你！當我是白痴嗎？憑什麼我要接受這一切！」我很難過，無法接受老公喜歡上別人的事實，滿腔憤怒與悲傷。

當我嘶吼的這一刻，肚子裡的寶寶也跟著激動地亂踢，但這沒有讓我冷靜下來，只是更加悲傷，突顯自己的魅力喪失殆盡，沒有一點點的競爭力！

我的腦中都是碎裂的聲音，那聲音，來自於我們的愛情。哐啷哐啷聲響，碎裂掉的是「公主王子幸福美滿」的畫面；彷彿洪水襲捲而來，沖走我與老公一起幸福育兒的想像。

理智斷了線，青春期老是被排擠與遺棄的感受重新湧入內心，僅存的開朗與光明被吞噬，我只想走到頂樓結束生命。

此刻，碎掉的不只是愛情，還有我們夫妻間的信任。當時不知道，自己的行為，把我與老公的關係推往了黑洞；從此以後的好幾年，我一直拿這事鞭屍他、責備他，不給好臉色相處。我腦子中只有「在我人生

把自己當成受害者，

只是在綑綁自己——

最醜最弱最需要你的時候，你卻喜歡著別的女生」。

經歷了生死交關，現在過著互換角色的人生（我主外他是奶爸），我才知道，當時他會這樣的理由。

懷孕以後，自己的焦點都在孩子與計劃未來上，我完全忽略了關心老公、疼愛先生這些事。不在意他的工作壓力、不理解他的奮鬥狀況，也不在乎他回家後需要喘息的小空間。

或許，那個女孩會在午飯時聽他說工作職場，關心他的一切，每天找他，讓他覺得自己被重視。可能他真的只是跟那女生吃吃飯，有點小喜歡；但他當時沒有少給我一點家用、少給我一刻下班後的時間，也會噓寒問暖地問我需不需要按按摩、摸摸背。

當下，如果冷靜下來，就會知道他對我的愛沒有少過。

這種外來的「婚姻敵人」其實一直存在，好比一株健康充滿生命力的植物，無法拒絕蜜蜂蒼蠅來打轉。婚姻內的不健康，包含：有欠思考、缺乏溝通、亂貼標籤、非此即彼、刻意放大、心理過濾、以偏概全、妄下結論、否定正面思考、情緒化推理、應該句……這些才是造成婚姻變調的主要原因。

曾經，我很糾結於那些彼此犯過的錯誤，用錯誤不斷懲罰對方甚至自己，於是在錯誤中越陷越深。把自己當成受害者、不正視自己的錯誤，殊不知受害者情節猶如蟲洞。最終，痛苦無比的，依舊是深陷在婚姻中的兩個人。

那次出軌後沒多久，我就生產了。產後，更要面對自己身體的殘酷面貌。

彷彿一顆被掏空內裡的洩氣大球，皮皺皺地垮在軀幹上；胸部卻因為脹奶、發炎，像石頭般又硬又痛；身體被破壞得面目全非。情緒因為荷爾蒙而波動，伴隨著本來就有的憂鬱情緒，產後憂鬱症直接找上門，眼淚一流就是十個月沒有停過。

我在家帶小孩，筋肉爸爸為了拚奶粉錢、鞏固工作，經常早出晚歸。我們本來說話的時間已經很少；在有限的時間內，我總是邊哭邊對他說：「就因為你喜歡上別人，害我變得這麼不快樂！就因為你這樣，我才自暴自棄瘦不下來！」

筋肉爸爸沒有回嘴過一句話。畢竟，他真的做錯過。

我的產後憂鬱真的太嚴重了。奶諾出生第九個月，我依舊每天從起床哭到老公回家，再把所有怒氣宣洩給他，周而復始。唯一支撐我得改變的原因，就是因為「再這樣下去，我會想自殺，小孩會沒有媽媽」。

於是我回到了職場。重返職場的生活更忙碌！每天下班後就是直奔接小孩，沒有一刻可以為自己多點打理，這是一種「失去自由」的感覺。

常常在路上看到其他女性，穿得漂漂亮亮地相約喝茶；看看邋遢的自己，連指甲都忘記剪……為何有了孩子，我的人生就變調了？那些電影與戲劇裡的親子時光，到底幸福在哪裡？

心與心，成了兩條平行線，
還有什麼方法可以拉住彼此——

我過的是連進咖啡店喝杯咖啡，都不可能的，假自由真囹圄人生。

我愛我的兒子，愛到更勝自己，可以為他犧牲一切；因為兒子，才勇敢走回職場，用工作改善憂鬱；但也為了這個選擇，我與筋肉爸爸的相處時間少之又少，每天都在天人交戰，內心苦楚。

我用愛兒子這件事，來阻隔與他的相處——名正言順地與老公保持距離。鴕鳥心態下，只要我們有距離，就不需要聊很深、不用去想他的出軌；因為有兒子，我不需要知道他到底還愛不愛我，我害怕有一天會發現，他真的不愛我了。

然後，我還養成了個壞習慣——當偵探。

他的手機、筆電、發票、口袋……無所不查，仔細翻閱每一張照片、信件、訊息、對話……看到不對勁的就逼問到底，然後舊事重提；查不到蛛絲馬跡，就隔天再來一次。持續好幾年……

第二次他的不忠誠，被發現得莫名其妙。

某天我產後第一次放風，去朋友家過夜放鬆。在朋友家彷彿重回單身，喝紅酒、打電動、吃雞排的美好時光，才有點找回自己的當下，一位不怎麼熟的前同事，瞬間讓我的心情從雲端落入谷底！

他傳來一張照片，筋爸和一個年輕女子在高檔咖啡廳相望微笑，女人的手搭在老公手上，就像一對熱戀情侶。接著的訊息寫著：「這妳老公吧？他們一直這樣，妳自己注意點啊。」

這次我學乖了，乖乖待在朋友家，沒有立刻衝回家爆炸。

第二天，我直接讓筋肉爸爸看照片。一回生二回熟嗎？老公態度很鎮定地說：「我只是為了賺錢。這女生很有錢、買很多課，我缺業績也會幫忙。有時候上課前我會去陪她聊天一下。」

「喝咖啡喝到摸手手嗎？」我表現得很冷靜但內心在滴血。

「我不知道她為什麼要摸我，好啦，我把她的課轉給其他教練！」筋肉爸爸說。他的眼裡沒有關愛，只有倦怠感與無奈，我感覺到他很怕我又開始鬧死鬧活；或者，他早準備好，我們總有一天會再走上這樣的光景。

我們之間的關係，其實一直沒有建立在健康的基礎上。

十八歲被約會強暴後，有三年時間，總是被同一個無名電話騷擾，告訴我，知道我做過什麼；要昭告天下、告訴爸媽，你女兒幹了丟臉的事。早在那段歲月，我的自尊被踐踏到涓埃之微。

和筋肉爸爸踏入婚姻後，我的自尊與自信建立在「他愛我」上。當這個基礎動搖了，我的人生再度破碎一地。之後的三、四年，我們成了室友關係。只聊孩子、只談工作、有愛不願意說，久了……也就說不出口了。我感到極度無力——一種食之無味、棄之可惜的無力感。

我總是感覺，自己的內心有一片缺口，哪裡空空的，不至於影響生活，如果一輩子就這樣過了，好像也是無妨，只是有點可惜。可惜什麼呢？或許是，少了自己的某一塊，或者，少了愛老公的能力。不甘心一直存在著，我總是算著抓到他出軌幾次，想著自己努力顧家拚生計養兒子，乖了幾年也沒換到疼惜。

怨氣始終沒有找到出口。幾年後工作越發起色，事業帶來了滿足感與快樂，逐漸地，我開始覺得，沒有老公、沒有婚姻束縛，自己似乎可以過得更好、更開心……

現實，讓我們越來越疏離。心與心，變成了兩條平行線，拉著我們的，只有兒子而已。

# 是本性，還是我們還不夠認識自己？

回想起自己年輕未婚時，與許多男友或約會對象交往的過程，竟然曾經膚淺地用「集郵男朋友」來當成自己是否有價值的籌碼，當然，過程中被傷害得遍體鱗傷。

當時很怕孤單、怕世界都成雙成對唯獨我形單影隻；很沒自信、總需要有人愛、說愛我才感到自我價值；沒有屬於自己的興趣、只有人群才能讓我感覺不無聊；不肯面對陰暗，只能一直找逃避的處所。

所以有一陣子，我是大家口中，那種極度討人厭、愛裝可憐、依賴他人、不懂專一、踐踏別人情感、自私的渣女。

每當我在網友提出婚姻或戀愛的問題，給出「再給彼此一個機會、再觀察看看」之類的提議時，往往會被回應「不是本性難移嗎？我怎麼知道他以後就真的會變」。

從我的經驗來看，現在在媒體上被大家罵到無容身之地的渣男們，或許本性不渣，因為沒人知道他們內心的過去；或許未來也不會渣，因為人可能越活越成熟，最終找到屬於自己想安定的那個安穩窩。（別會錯意，我沒有在幫渣男背書，世界上絕對還是有爛到無可救藥，離他越遠越好的超級渣渣。）

「本性難移」嗎？其實可以保留很多問號。

在很多很多的戀愛過程中，我的人生並沒有因此變得更美滿；在很多男友堆疊的過程中，我的自我價值感也沒因此提升。看過很多男女攻防的書，結果卻忘記人與人相處該有的誠懇。在經歷了一次次對人性的失望後，卻沒發現其實最該檢視自己的內在。

自我懷疑、厭惡感、失望……這些負面情緒，陪伴我度過了很長的時光。這十幾年因為活得不像自己，所以日子很幽暗，也因為十幾年的時間實在太長了，以至於自己都快相信本性就是這麼壞。

直到活出現在的開朗人生後，我才開始懷疑所謂的「本性難移」。

到底什麼是本性？又是什麼樣的人生經驗，會在成長過程中發酵成個性改變的原因？就像充滿變數與不確定性的研究計劃，總是很難歸結出結論。於是我寧可相信，誠如在許多生病者的個案中，總有超越科學統計的康復案例，從病痛回到了健康。

那麼，為什麼人的心靈與大腦，不可能做出超乎認知範圍的改變，從沒有溫度變回有溫度的人呢？有時候，相信他人本性難移來撫慰自己，或許是比較容易的做法；但永遠轉身走開，卻不見得對現實生活有幫助。

並不是要大家傻傻守候一個讓你難過受傷的人；但與其一直去卡在與對方的關係之中，還不如把專注力放回自己身上。說不定在療癒自己的過程中，許多事情也就柳暗花明了。好比我有過荒唐歲月，但正是那段人生的迷惘、摸索、受挫……累積成現在能夠探索自己的我。

所謂的好壞之分，
有時只是人設角度而已——

換個人設，在我迷惘時期遇到的人們，大概都認為我就是一個徹徹底底的壞女人；然而現在，我絕對是個愛家愛老公愛兒子的人，很不完美，但一定不渣。

從片面與單一事件去審視一個人，往往會以偏概全、非白即黑。就好像小時候看童話，只有好人與壞人之分；長大後再看這些故事才發現，好壞之分，有時候端看人設角度而已。

那麼，很多我們認為傷害了我們的人，到底是劣根性？還是，其實只是還不認識自己、人生還很迷惘？

再換個問題——你，覺得自己真的夠認識自己嗎？

多數時候，一段關係中的難處，極大的癥結點可能在於「不理解自己」，不懂自己真正要什麼，所以無法有所對策，總是用錯誤的方式在面對與解決，逐漸累積造成的。

兩個不夠認識自己的人，會讓問題如雪球般地越滾越大，最後佳偶變怨偶，分離了，成為一輩子的遺憾。我想多數人，都沒有真正地認識

不用浪費時間在別人身上，
把焦點放回自己就好——

自己。

在成長過程中，有太多的傷痛與難過記憶，在大腦裡面深植並且萌芽；那就是造成個性變異的原因，有時候你甚至沒有意識到，或者，根本不記得了。

於是，我們都可能在人生的某些歷程，變成別人口中的壞傢伙。但藉由很多學習、自我成長、獨處過程，幸運的話，我們可以找回自己。

這些學習包含：找件自己能投入的事情去深研，因為在過程中得跟自己相處、對話，就會逐漸找到跟自己內在和平共處的方法；檢視讓自己感到難堪、不悅的回憶，當勇於跟傷痛面對面時，才能讓疤痕結痂、癒合，恢復開朗。

自省、獨處、學習、時間；對自己敞開心胸，事緩則圓，原來，這就是處理每種人生難題的萬應靈丹。

人生的學習、獨處，
總會讓我們找回自己——

## 婚姻裡的第三者可能不會只出現一次，最重要的永遠只有未來。

／

最後一次老公的出軌，發現時的畫面應該算是觸目驚心，但我心卻已經麻木。

從我懷了孩子到兒子四歲，我和筋肉爸爸沒有幾個夜晚是同床共枕。夫妻之間不想開機，彷彿成為一種默契。不只不想開機，連觸碰對方身體的慾望都沒有，「親愛的、寶貝」這種暱稱更是說不出口。

曾經，我在工作地點的馬桶發現沒沖掉的保險套，以為自己又要開始歇斯底里的那刻，但真實的情緒卻是內心沒有波瀾漣漪、想哭想生氣的欲望都沒有。

腦海第一句話「為何總是留尾巴被我抓到？」；第二個念頭「我怎麼了，為什麼不生氣？」

如果我愛他，應該會崩潰生氣；如果我討厭他，應該會覺得噁心厭惡；如果我理智斷線了，應該會無法接下來的教練教學……但是我的確沒有生氣。

這就叫哀莫大於心死吧。

他說了一些很荒誕的理由，只有鴕鳥心態的人才會相信；我不想吵，只說了：「請你去做檢查，不要傳染什麼給我和兒子。」

後續生活的某個晚上，我嘗試做點努力。兒子睡著後，我們一起坐在沙發上看電視。我跟老公說：「要不要幫我按個摩？」接著把手搭到他肩上。他露出厭惡的表情，推開我的手：「我很累，不要吧。」

那時，我才明白，原來自己的感覺不是單方面，而是雙方都拒絕彼此於千里之外了……我怨他、他也怨我。彼此拒絕溝通，心靈的抗拒，終究反應在肢體上面。

那時候，我們結婚快七年。

我在電視台工作時有個很崇拜的女主管。之前老公出軌時，因為情緒低落被她約談，她說：「妳無法避免誘惑找上門，男人女人都一樣。婚姻中總是會有第三個人出現又出現。重點是你們面對未來的態度。如果還有心繼續走，就不要執著在那些發生過的事。」

後來，換我外遇了。

雖然夫妻關係不良，但養育孩子的過程真的充滿歡樂與挑戰。因為記錄產後的瘦身，因緣際會下踏入體適能創業；人生拼圖中，除了婚姻是一片死海，其他都是蓬勃發展、充滿生氣。

憂鬱症、年少殘存的陰霾，因為健身、進修、創業，逐漸幫助自己我們都想過要努力；
卻總在回首過去，不放眼未來——

掙脫泥沼。我猜想應該是我面對自己的缺點、挑戰自己的弱項，從中獲得成就與滿足，也就找回了遺失多年的自我肯定。

幾年下來的累積與改變，我成為一個有自信、可以獨立運作事業的女人。說難聽一點，我可以養活自己、養活兒子，人生字典中不需要「老公」這個字眼的存在。只是，他真的是個好爸爸，兒子也非常非常愛他。我知道自己也愛著筋肉爸爸，只是，變得很難形容，可能隨著時間相處，慢慢變成「家人的愛」吧！

婚姻很奇妙，某些層面讓女人必須放棄自我、犧牲自由、把自己壓得很小；但也因為這些愛與包容，成就了我們自身的獨立性、抗壓性、耐力，其實自己已經變得強大。

如果說，過去被侵犯的陰影讓我遺失了自信；婚姻生子讓我失去了自己；那麼我感激這些挫折。因為，得以有機會可以谷底翻身，在工作上全力拚搏，然後逆轉回漂亮人生。隨工作漸入佳境，走出自囚世界，井底之蛙終於跳躍到地面，放眼天空之美之大，眼界開闊許多。我常常出國進修、工作，都是自己獨來獨往。

有一次去熱帶度假國家進修，課程結束後，晚上都是自己的時間。度假的氛圍、熱帶音樂的催化、觀光客群聚的歡樂……我突然回憶起，幾年前，連喝個下午茶都奢望的心情。只有自己一個人時自由自在，先去逛街買了漂亮衣服、化妝品，吃了很夢幻少女的甜點，晚上約了工作夥伴去酒吧小酌。

其中一個夥伴，總是酷酷的不多話，相識幾年也講不上十句話。可能因為度假的心情，在同事們鳥獸散後，微醺但還是清醒的我們竟然又去喝了兩杯。那一次，我們單純只是喝兩杯，單純只是互吐心事、聊到對愛情的看法；心，卻輕鬆了起來。

因為工作有進展，我常需要和夥伴們外出開會。每次都有許多人，包含酷酷的他。我們都專注在會議上，不再講述自己的事，儘管如此，每次的會議彷彿為生活充了電，感覺很開朗快樂。

後來，又一次的出國進修，我們單獨約了見面，或許是因為上回的意猶未盡……開啟了我婚後的意外，與另一個單身看似孤獨的男人。

那段時間的心情是五味雜陳的：感受到久違的被疼愛、被呵護，戀愛的感覺原來這樣美麗；思考著對方所為何來，為對方忽遠忽近的態度內心七上八下。有心情購買口紅與耳環、高跟鞋，美麗的配件有了意義，我的人生終於有了點粉嫩色彩——我是個女人，不只是媽媽、黃臉婆而已；但看著孩子的臉，覺得內心充滿了罪惡與歉疚——都已婚了怎麼可以這樣道德淪喪。

幾年後，筋肉爸爸問我愛過那男人嗎？

「沒有！我發現我只想愛自己。」我回答。

年輕時談戀愛的開心是因為，感覺有人願意寵愛自己，因為被愛而滿足；婚後戀愛的開心是因為，我願意讓別人去寵愛，我為自己的幸福做了一些決定，才因此感到滿足。

自我掌控權重回身上後，
看待每件事情的方式都不同了——

年輕女孩戀愛時，總喜歡把「主導權」雙手奉上給對方，被掌控了還充滿小鳥依人的心情；結婚後才知道，任何一段關係中奉出「主導權」是多麼扼殺人性的事，對方不會感激，只會習慣；失去主導權的人將不斷地因為各種犧牲而被榨乾。

戀愛時我過度仰賴男友給我愛與快樂，當他有了污點、我無法信任他時，快樂就此一去不復返。生產後，我把主導權給了什麼都不懂的孩子，認為全天候照顧他才叫克盡母職，完全忽略自己心底的聲音，是個還想在職場闖蕩的熱血女人。

老公出軌，我把所有的錯都推到他身上，這也是一種主導權的轉移。重視自我主導權的人懂得靜心檢討，對下一步做出更好的決策；但我沒有，只是不斷地怪罪對方、委屈自己，怨婦般地活著，面對每個明天不知道怎麼活下去。

多麼諷刺啊！當我在婚後與別人戀愛了，卻在過程中，終於看清，與筋肉爸爸婚姻變質的盲點所在！於是，也能諒解老公當初反覆出軌的心情。

後來有一天，酷酷的男子問我願不願意跟他穩定走下去……幾乎是直覺反應，內心跟我說：「不要！我想回家，與老公重新修復關係。」

每段感情，如果最終無法誠實地面對自我、掌握人生、讓自己充滿自信，那跟誰戀愛、結婚，到頭來都會是同一場戲！

我準備好了要回家！這一次，不是等著被呵護、被疼愛；而是我要主動去營造屬於我們的幸福。

就在下定決心後，筋肉爸爸，發現了我的出軌。

說來諷刺，本來就打算要見最後一次面，偏偏就是那天筋爸突然看了我的手機。可能他早感覺到我的異常，或許是為了自己過去的行為而恐慌，我們早就不去看彼此的手機、電腦好幾年，但他那天就是看了。老公用我的手機約了他出來，兩個人，在鬧區打起來了。

實在太丟人了！十八歲時有男生為自己打架，那叫浪漫；但三十八歲時有男人為自己打架，那叫做「荒謬難堪」！

我其實一直希望筋肉爸爸的個性不要這麼暴衝。他當下的激動我能懂，因為我也經歷過好幾次；不聽解釋我也能諒解，因為我也曾經像個瘋子……看著受傷的老公像是戰敗的獅子蜷縮著喘息，滿是心疼，內心的情緒糾結成一團，而那一刻，我只想逃離，誰都不想再看見！

當天下午我們就準備簽字離婚。「既然你犯錯了，我也犯錯了；這段婚姻，已經布滿瘡疤與傷口，離婚吧。」我跟他說。當時的心好悲傷，找回了自己卻雙手奉出婚姻。

請了娘家媽媽來當證人，但她要我們先分開一陣子好好冷靜。如果，之後還是想離婚，就幫我們簽字。

於是，我開始了為期兩週的逃離家庭單身生活；筋肉爸爸開始了兩週首次的單親奶爸人生。

回到單身狀態，暫時遠離壓力，開始有空間時間好好思考婚姻未來、釐清這段混亂關係，並且好好跟另一個人道別。以前，我只會埋怨過去，用過去來懲罰當下的每一天；後來，我學會仰頭看未來，用當下

執著於過往的錯，
對未來有幫助嗎——

的美好為未來拉胚塑形。

那段時間，筋爸不時傳來兒子的語音訊息——讓我淚流不停的軟攻勢！但是，聽著兒子與老公的聲音，我很慶幸，自己還有選擇回幸福的機會。

有時候，是人們不願意原諒自己的心。當執著與不原諒發酵，心就會結痂，疤痕會逐漸影響健康的整體。不斷地鞭屍過去，看似制約了對方同時也綑綁自己。執著於對方的錯，對婚姻有實質幫助嗎？你可能會犯錯，我可能也會；第三者不見得是小三，原本就有問題的婚姻，誰都有可能變成第三者——愛評論他人家事的閨密、對兒子放不了手的婆婆、令人生厭的妯娌親戚……誰，都可以破壞原本不健康的婚姻。

最重要的是，妳，還有妳的他，是否還想要這段關係。

誠實地面對內心、勇敢地改變現況、從打理好自己的內外在開始，只要還有心，都能牽手，昂首著走到未來。

只要彼此有心，
就能牽著手，昂首到未來——

# 當個受害者不會拯救自己。

／

電影《82年生的金智英》，很多女生朋友都說「好看，但情節有點誇張耶」，但我只想說「不誇張，很寫實啊！不就是我們的生活嗎？」

於是，電影情節把我拉回許多成長記憶。

國中時在家門口遇到暴露狂，看到一個活生生的成熟生殖器官。對剛上國中的女孩來說，不僅驚恐更是害怕。但我居然只是呆傻在原地，現在想想也太危險，要是他不只想露鳥，可能我就會遇到更恐怖的事。回家後告訴家人，但我永遠記得他們的第一反應「妳做了什麼事？是不是妳愛穿裙子，裙子太短了？」

此後好幾年，我都認為愛穿短裙短褲是「不自愛」、會引人犯罪的行為。如果女性被騷擾，一定是她們自己先做了什麼。這樣的聯想方式，應該是父權社會的遺毒，更因為女性被造物主賦予的生育功能。在歷史演進下，女人是一個無法獨立、被動的，必須被男性給予的代表。讓人難過的是，很多女性也用同樣的方式在看待女人這個性別。

考上大學的那個暑假，是我人生最暗潮洶湧的開端。那時在考前衝刺班，認識一個重考的男生。放榜後，便跟著這個有點會玩、跟過去朋友圈完全不一樣的人開始交往。第二次約會，我就傻傻地跟對方去看ＭＴＶ，在包廂內被蠻橫地強暴了。

這種事怎麼可能讓家長知道呢？反正他們一定認為「是妳要亂交男友、穿這種衣服、跟男人進包廂，才會發生這樣的事！」我哭乾了眼淚，回到家拚命洗澡。帶著受害者的心情，我希望有朝一日還能遇上真正善良的白馬王子。

後來上大學遇到一個教授。我跟教授說，因為半工半讀的關係，晚上無法留在學校實習，是否有其他替代方案？「那妳晚上來我家裡工作好了，有些文件需要妳整理。但是不可以跟任何同學說，男朋友也不行。」不知為何，教授的這些話令人有種噁心感。

我把這件事告訴一個姊姊，結果她居然問：「妳做了什麼讓教授覺得有機可乘嗎？」天啊！我只是想要繼續半工半讀，也不代表我被騷擾了就是我的錯吧？甚至，在牙醫診所的打工也被醫師別有居心的要求，連薪水都沒有領就離職了。但我不敢跟一起打工的學姊說，我害怕她們會覺得是我做了什麼，醫生才會這樣。

儘管這個社會訴求平權，但是世界各地卻不斷上演對女性的歧視與不公平，包含女人對女人！

國外曾有一場展覽，展出受害女性案發當時穿著的衣服——沒有大家想像的暴露，而是再普通不過的學生制服、牛仔褲，甚至是中東國家女性穿的罩袍。女人被性侵害、性騷擾，施暴者其實沒有任何理由的；但是這些受害者卻得在事後想出一百種理由，應付身邊出現的歧視與異

當女人做什麼都可以被嘴時，
我們只能強大自己的心——

樣眼光、撫慰受傷的身心靈，才能活得下去。

直到這幾年，當自己在心靈上、身體上、職場上強健起來後，才懂得過去的我完全沒有錯！每個女性都在學習成長與勇敢，然而，社會對女性的不友善卻從來沒有停歇。好比電影的演出，女人為了照顧孩子犧牲自己，卻有閒言閒語認為媽媽在家是被豢養、沒有壓力，所以不該抱怨，不該心情憂愁，不該因為犧牲了夢想而生氣。而那些心懷不滿的人，更把怨恨與憤怒發洩在照顧孩子的媽媽身上，於是出現了「媽蟲」這樣充滿歧視的言語。

生了奶諾後，我選擇重回職場，避免自己不斷鑽牛角尖，卻有人覺得我這樣很好過。果然是出一張嘴評論他人，最輕鬆啊！為了上班，我必須努力找托嬰、找保母，還要擔心孩子身心健康；出來上班，是因為我要養家……我一點都不輕鬆，也沒有因此躲掉什麼。

有人認為職業婦女只是想逃避當母親的責任，只是想成就自己……顯然地，女人不管怎麼做都不對。是不是不管女人做什麼，總是落人口實，只因為我們是女人呢？

筋肉爸爸中風後，我曾被一則貼文影響心情，我承認是自己內心不夠強壯、不懂為什麼大家對女人就是充滿歧視與人身攻擊？不論在哪個國家，總是有「仇女」文化存在。當女人因某一事件躍上媒體，譬如離婚、遭逢巨變、挑戰男性社會地位……即使新聞媒體善待她，網民也饒不了她。

譬如藝人離婚了，就有人說她是公主病；譬如孩子被謀殺了，媽媽為此堅強挑戰體制，就有人說她們應該一起去死，霸凌著已經當天使的靈魂。電影《重磅腥聞》描述被職場性騷擾的女人，勇於爭取自己權益時，要面對官司、失業、主管刁難、家庭紛亂，付出許多代價只為了找回尊嚴與自我時，卻被人們用各種言語二度重傷……

這半年來我也遇過類似的事情。很努力地想要爬起來保護生病的老公，也因為工作性質，於是在媒體分享了故事，期望大家都重視健康，不要讓心血管疾病破壞原本幸福的家庭。卻有人說：「她就是靠出賣老公賺錢啊？」還有更多類似的批評，從我的年紀、外表，從老公生病的痛處，作為踐踏我這位女人的點。

平心靜氣後來看留言。這些女孩都很年輕，她們應該是還沒有經歷到年紀增長，本著青春，認為「年齡」是可以攻擊女人的武器；也或許尚未為人母，所以不知道背負責任是件多麼困難、意義重大的事；許多人都要女人繼續背負受害者情節，彷彿女人只能是個悲情、辛苦、犧牲自我、需要被拯救的人。

當男性因為大男人思想，把女性思考為附屬品時，不難理解他們不允許女人挑戰權威、掌握主權的邏輯；但是，為什麼有那麼多的女人，要這麼仇視其他女人呢？

她們想看到其他女人過得越來越慘；

她們不想看到其他女人爬出谷底躍向陽光；

她們想看到其他人一起撻伐這些女人。

拒絕當個受害者，
才能開啟幸福的樞紐——

她們認為，這些女人，應該繼續活在悲情中，活在大家的言論裡！

如此一來……這些仇女的女性，回歸現實，面對自己悲傷的生活時，可能才會多點安慰。因為，她們逃不出受害者情節！她們不想看到其他女人面對類似的悲傷時，可以勇敢找尋下一個花園；那樣會突顯自己的孤單與挫敗，因為自己還深陷類似的泥沼中。

女人這一生會遇到的挫敗感很多，最終的挫敗感都來自於「活不出自我」。譬如婚姻，每個人的狀況與糾結都不一樣，但因為失去了自我所以難受；等到社會上有了離婚、小三、外遇、抓姦等話題時，因為觸動了自己，因此總是可以掀起女人們的一番論戰。

有一些討論很有意義，因為激發了女人自覺、自主、自愛的心；但有一些討論真的就是浪費光陰，譬如總是在批評其他女人！

我們用什麼樣的眼光看世界、看別人；這個世界就會用同樣的方式回應我們。懂得活出自己、找尋自己的女人，會更懂得欣賞其他女人面臨人生谷底時的決定與勇敢。跳不出牢籠的女人，才會不爽其他女人的瀟灑轉身，口說之言都是攻擊的話語。

我們，都要拒絕當個受害者，才能開啟幸福的樞紐，不再成為只會批判別人的帥女人！

# 即便只有一個人，也要強壯。

／

我們終於跨越了七年之癢，重新學習關愛對方。

剛開始，筋肉爸爸嘗試改掉不解風情，譬如「為了健身賽事，滴酒不沾」這件事；我則是為了愛情需要犧牲某種自我，叫做「陪著他不再碰酒」。即使喜歡偶爾小酌、與愛人共品美食搭美酒的生活氛圍，但他總說這樣會破壞他精心鍛鍊的身體，也期望我不要沾酒精。

一年、兩年還可以忍受，但長達七年都得壓抑自己喜好，這就叫做「不健康的放棄自我」。

重新開始後，筋肉爸爸會找餐廳，請婆婆照顧兒子，兩人去餐館約會小酌。有時候我們會盛裝打扮，只是為了去看電影；或者，就是窩在一起看片，藉由厲害的編劇與導演，激發相愛的心情。譬如有一天我們看了韓國電影《雨妳再次相遇》，因為老婆過世而心碎的男主角，多令人心疼；媽媽能親自疼愛照顧孩子，是多大的福氣；媽媽突然在過世後回來了，全家能重新擁抱幸福，是多麼幸運，即使只是日常的每一天！

這樣的內容，總是激發我們再次珍惜對方的心；那些過去，我們也不再提起。

我們也在學習「尊重對方」。以前，筋肉爸爸不太懂這件事，生為獨子的他最愛跟我說：「妳是我的。」我一直對他的占有慾沾沾自喜，但結婚超過七年就成了一種災難！過去許多紛爭都是因為「他、我」的界線沒有劃分清楚，搞不清楚「尊重與愛不可混為一談」。

「因為我愛妳，所以為妳做這樣的決定！」

「因為我愛妳，所以妳不可以這樣做！」

「因為我愛妳，才限制妳這些事情！」

所以說，婚姻是種修練；這些自以為是的愛，其實都是不尊重！即使我們經歷了許多過程，至今也依舊在學習中。還好有要一起走到老的堅定共識，所以爭吵不至於太嚴重。最重要的是，我們都在學習「婚內獨立」。

獨立的女人才有吸引力，因為不可掌握——這是千古恆定的法則。如果可以在夫妻關係中、親子教養中，落實「獨立」這件事，就可以化解掉許多令人坐困愁城的處境。

有次錄影，兩性專家吳娟瑜老師分享了丈夫外遇後的覺醒過程。當時她到國外念書，認識一位與男友遠距離戀愛的美國女學生。女同學的一句話：「我愛他，但我不需要他！」讓她當頭棒喝，走出外遇陰霾。

我們可以愛人與被愛，但依舊保持獨立個體；
不需要誰，就少了依賴；沒了依賴，就沒有失望；

婚姻是種修練；

自以為是的愛，其實都是不尊重——

沒有失望，就不再低落；情緒良好，就不會情緒勒索；

於是，獨立，讓人學會充實內在。

懂得學習自我成長後，即使只有自己，也精神金錢都富足。

好些朋友遇到「過度依賴兒子」的婆婆。因為太愛兒子了，無法放心與放手，介入兒子婚姻生活過多，導致夫妻關係失和。無法放心與放手，其實是她們害怕，花了所有時間精力照料的孩子，不再需要自己時，生活中還剩下什麼？或者她們過度期望被孩子照顧，反而成為孩子們極大的壓力來源。

如果我們現在不學會在婚姻、在養育中獨立自己，未來也可能成為這樣的怪獸婆婆。

工作加上孩子，多數人都是得養上養下的夾心世代，不可能時時刻刻關注另一半；面對一個無法獨立的伴侶時，長年被情緒勒索的結果，就是心累了、心飄走了。

婚內獨立，也包含懂得「自己找快樂」。

「快樂」，應該是由自己給自己，才能踏實、才能永續；仰賴愛人給予快樂的人，很容易成為別人的負擔、情緒勒索者。對快樂伸手牌的人，最後就會變成乞討快樂。懂得自己找快樂的人，心靈健全，更能散播快樂能量給周遭人。

婚內獨立，還必須學習找到與自我相處的時間與空間。通常，能走出低潮的人都懂得充實自己、學習各種新事物。

學習，本身就包含必須獨立才能成立的元素。學習的過程，也同時在激發人的自發性；有了自發性後，回歸生活便會養成更加獨立的性格。這樣的方法，不管是鍛鍊自己、教育孩子，都一樣。

學習是個有趣的過程，不只是累積知識可以幫助現實上的金錢收入，懂得面對挫敗才能克服困難。當學習內化成每天的生活時，遇到挫折時就能挺身而過，因學習而累積的自信與成就感，更是健康人格的必備元素。

「獨立」最重要的一環，就是擁有「獨自面對問題、解決問題」的危機處理能力，包含了實質的解決問題能力以及情緒控制，才能遇到突發事件時不自亂陣腳。小事著手，自己換燈泡、拆裝家具、使用五金，這是很棒的開端；大事必備，擁有能夠隨時重回職場的條件、賺錢技能，更是必要的追求！

這對一個家庭才是健康的，不論對夫妻彼此、對孩子都是。雖然有點悲傷，但有了家庭，總有一天我們都會面臨生離死別。

有一種愛叫做「當你有一天突然無法解決問題了，我還能為你撐起一片天空」！在我身上發生的故事，完全印證了這些事。

請記得，如果一個人時能夠過得快樂、充實、如魚得水；有一天真的變成了兩個人、三個人時……才能讓快樂延續加倍。

請讓自己在一個人的時候，就過得好好的！

一個人快樂充實時，
兩個人、三個人時，快樂才能延續加倍——

# Lesson 1

## 好好呼吸／緩一緩關係中難免的衝突

一段良好的關係，不會只有激情；再怎麼相愛，也會有左腳絆右腳的時刻。來練習「3D呼吸」吧！緩解掉急性的火氣，為兩個人的相處留一點餘地。

但呼吸，明明是人類的本能，為何需要學習呢？

呼吸不正確時，通常是過度使用了胸腔（以不運動者居多）或者腹腔（以運動老手最為常見），這時候都會造成肺部無法充分擴張，於是動用到呼吸的輔助肌群（提肩胛肌、斜角肌等，也就是你覺得容易緊繃的部位）去將肋骨朝上方拉起，以增加肺部空間。久而久之，一天上萬次的呼吸，都過度倚賴呼吸輔助肌肉，要不緊繃痠痛也難！

3D呼吸是多方向性的。吸氣時，橫膈膜會下降，胸腔腹腔一同啟動良好腹內壓力；吐氣時，橫膈膜上升，核心肌群、骨盆肌肉被充分誘發，撐起軀幹，整體軀幹的表層與深部肌肉都達到最好的伸展與收縮。

建立正確的呼吸，肩頸痠痛自然消失，核心肌群整合能力也將打好基礎。以下，我要分享仰躺的呼吸方法，希望你每天都給自己一段完整的深呼吸。

解說看這裡

**筋肉媽媽 tips >>> 打造放鬆的環境**

建議呼吸練習時，可以準備香氛與音樂，有個舒適的環境幫助身體更放鬆。

香氛：有肌筋膜學者研究發現天然香氛對於筋膜紓壓大有幫助，鼻子嗅覺神經與大腦的杏仁核（掌管情慾、記憶）有關聯。

音樂：選擇 432 赫茲的音樂頻率，因為與心臟跳動頻率相同，在聽覺療法被廣為用在舒緩壓力上。

- 3秒鐘吸氣、3秒鐘吐氣
- 各階段各呼吸3次
- 3D呼吸3次

第一階段呼吸

## 髂骨擴張

身體仰躺，雙腳屈膝打開與髖骨同寬、腳踩地。身體放鬆，肩胛骨、肩膀、骨盆保持接觸地板。雙手放在髂骨內緣（髂前上棘內緣），吸氣至感覺髂骨往兩側推。

吸氣時不要聳肩，下背、肩頸不可出現緊繃感。下背不用刻意貼地。可以用大毛巾墊在腦後，減輕壓力。

腰椎不刻意貼地，大約距離地面一個手掌的空間。

跟做影片

第二階段呼吸

## 肋骨側面擴張

雙手環抱肋骨，吸氣至感覺雙手因為肋骨擴張而被推開。

第三階段呼吸

## 肋骨前後擴張

一手伸到背後肩胛骨下方、一手在胸前，吸氣至感覺雙手因為肋骨擴張而被推開。

## 串連成3D呼吸

將三個呼吸串連起來。

吸氣時不要聳肩，下背、肩頸不可緊繃。

Chapter 2

# 原來，沒有那麼多的如果

# 婚姻中，最美好的距離。

和一位很欽佩的長者聊到《婚姻故事》這部電影。他說：「最讓我悸動的部分，是男女主角失去理智、毫無保留剝開對方所有偽裝形象的大吵後，男主角像個孩子，抱著太太的腿跪著哭……那個當下，他們已經注定了會離婚。因為，被看得太透了。」

的確是吧，回想起很多我和筋肉爸爸的衝突、周遭朋友們不快樂的婚姻愛情歲月，都是因為，太想要抽絲剝繭去翻攪對方的祕密，或是毫無情面揭發對方想藏起來的那一面。

女人其實很聰明，第六感敏銳、善於觀察，男人很難去欺騙隱瞞我們多數的事。什麼該攤開來談？什麼又該留點空間給對方？婚姻愛情的年資像是學分，修多了，心裡也就有個底了。

有些事，不需要像個悶葫蘆，例如已經發現對方有第三者卻隱藏著不說，內傷的是自己，權益損失的也是自己。既然都會受傷，就選擇傷害小一點、保護自己多一點的方法：搜尋證據、準備好面對法律、雙方好好地談。若對方有心再度共同努力，那可能是個轉機，也不至於讓自己人財兩失；如果對方真的是個敗類，那法律與證據，至少可以保護自己的安全，與得到些許現實物質的補償。

但有些事，也不需要當個扒糞者，好比說：追問和小三上到幾壘？做了什麼？或者自己扮演起徵信社，讓對方成為穿著新衣的國王，再也沒有祕密，但也失去該有的顏面與自尊。

甚至是，其實什麼事都沒有，卻因為缺少安全感，於是千方百計地想要挖掘對方百分之百的人生。這界線很難拿捏的！「祕密」與「自尊」更常是密不可分。

這是很衝突的！尤其女人總喜歡跟男人「談心」，來建立起自我的安全感。這更是很現實的！當最親密的彼此間有了祕密，如何不在乎地繼續生活？

以前，我很愛偷看筋肉爸爸的手機、電腦、通訊軟體，閒在家時甚至以此為樂，覺得自己像個小偵探可以挖掘他所有生活，很厲害。在國外，即使是夫妻，這樣窺探也是犯法的～當然，我也因此吃到苦頭，就是在循線偵探後，真的找到了他的心靈犯罪證據。

後續，我像個瘋子一樣更想挖掘他的祕密，然而每次偷看前，內心都滿是恐懼與害怕，好像找到了什麼後，又開始發瘋似地輪迴；其實有點像是算命上癮一樣，想藉由窺探對方、窺探未來，彌補現在自我的低落與不安全感，但往往只換來更多的痛苦與猜忌。人生，並沒有因為窺探這些而更快樂。

每天的生活重複上演著：我質問他，他不回答；我哭死哭活，他厭煩；他開始越躲越遠，我更多猜忌。

真的太痛苦了！於是有一天，我再也不去看他的任何隱私。放過自己的那一天起，我才知道，不再猜忌，心靈輕鬆了，世界就廣闊了。不窺探，使自己更失了自己；
人生，也不會因此而更快樂——

去挖掘對方、不去揭穿對方，卻要繼續生活下去，很困難！因為，自己不知道如何定義自己，沒有安全感，也不知道，這段關係中如何建立起自我價值。

看出這中間的盲點了嗎？

女人的定義自己、安全感建立、自我價值落實，從來不該是在另一半身上，而是「我們自己」。如果可以將生命中大部分的焦點回歸自我，自信與自我價值都會由內心散發，不需要靠誰來肯定。旁人的三言兩語，對我都有如雲淡風輕。

能夠掌握自己，安全感就會踏實，不再需要別人來定義我是「誰的老婆」、「誰的女友」、「誰的媽媽」；而是由我來告訴大家，誰誰誰是「我的先生」、「我的小孩」、「我的男友」！

現在，我相信宇宙的力量：即使我們不去窺探另一半，當他們真的出軌不忠時，也能讓不去窺探的女人，察覺到關係質變的力量。這時候再來保護自己搜集證據，去考量到自己未來最小的損失，也不失為一個

不再猜忌時，心靈輕鬆了，
世界就廣闊了——

智慧的做法。

「不去窺探」這件事，我很喜歡請大家換個角度，用母親與兒子的立場去思考。

我們從小照顧兒子，兒子長大了進入青春期，開始有生理上的需求，想要關起房門保有隱私，但媽媽卻用盡方法想知道他在幹麼。終於有一天，窺探的母親撞見正在打手槍的孩子……母親無法忍受孩子這模樣，孩子也自尊受創不知如何面對媽媽……既然如此，當初為何要去窺探孩子呢？

孩子有孩子的人生，多數爸媽都能理解；另一半也有另一半自己的人生，多數的伴侶卻難以理解。

有了這樣的體悟後，現在每當老公心情不好不想說、想要自閉放空時，我會問他：「都好嗎？」

以前我會逼問到他說出什麼為止，因為我認為夫妻之間不該有祕密。現在，他說沒事，我就走開，做我自己想做的事；於是，我們有了自己的空間。任何一段關係，都該保持某種程度上的私領域與距離。然後，彼此帶著自尊感、快樂感，長遠地牽手走下去。

## 經歷過死亡，看世界就會更清晰。

／

上週末陪老公歸還輪椅，除了筋爸恢復良好外，更期望減少對輔助器材的依賴，可以讓他更積極於復健。

事實上，他能走就都盡量走，能不用拐杖就盡量不用；他的復健進度，連醫生都稱讚，搞不好未來還是可以開車自駕。我們都期待筋爸會是那個跳脫統計學，能夠恢復到最好的特例。誰知道自己不會是呢？只要充滿盼望。

歸還輔具後，站在那個熟悉的十字路口，一種「從惡夢中醒來」的感受突然湧進心裡。

幾個月前，這裡是我唯一准許自己流淚的地方。總是告訴自己「綠燈亮了就不准再哭，只有等紅燈時能哭」；從差點失去他，到每天得面對不穩定的病情變化，面對醫生對他未來做最壞的預測，再安排各種治療計畫、到處籌錢……

這是第一次體悟到，人生有許多壓力與情況，逃避也沒有用、悲傷沒有幫助、埋怨更無濟於事，甚至多餘的擔憂都是負擔。我，只能理智地去處理，把結果豁然地交給宇宙。

現在，在這個十字路口，我的手握著老公還沒有辦法自在控制的右手，緊緊地靠著他……即使筋爸沒辦法用力地回握，但這已經是我感到幸福滿足的時刻，因為軀體還是充滿溫度。

因為這一次差點死別的體悟，我也開始為自己練習：有一天，如果家人真的比我早走，該怎麼樣去調整自己，讓心理有所準備，並且依舊活得好。

夫妻關係中，總會遇到冷漠平靜的時候，希望多一點點空間、多一點點時間，開始懷念起單身的各種自由生活。但，那是因為我們都沒有想到，其實有一天，總有一個人會提早說再見。那是生命早就注定好的事，而你沒有辦法知道，那個時間點。

所以我很珍惜彼此在一起的時候。

還記得，筋爸住院的時候，偶然經過一家餐廳，裡頭坐滿了用餐的家庭。看著快樂吃飯的他們，覺得自己很像賣火柴的小女孩，在寒徹骨的天氣裡羨慕地看著別人幸福，這樣的如常對我一點都不平常，這麼簡單的幸福，是我想要卻無法有的。

人生充滿了紛爭與困難，但如果知道總有一天要說再見，那麼每個困難，其實都只是自己的心結罷了。

以前我們會為了存不到房子的頭期款而吵架，會對彼此未來生命規劃的不一致而氣惱。我們覺得，當下的努力是為了讓未來能夠更好、更快樂。

但其實，不用等到以後才快樂啊！

內心的空虛、空洞不會被填滿，直到你找到讓心溫暖的方法。那通常就是人與人之間的溫度。

當下的努力不是為了未來的快樂，
我們需要的是享受現在——

為了幫助老公復健，原本預定的進修課程也大轉彎，修習更多與「筋膜」、「神經肌肉控制」功能性矯正運動的相關課程。這些知識不但可以幫助我深愛的筋肉爸爸，也可以讓一般大眾的健身，更有效地突破自己。

我還是計劃著很多未來，一半是自我實踐，才不至於終日覺得被現實捆綁；一半是對家庭的夢想，寄望著未來讓自己努力活在每個當下。但我花更多時間在「享受現在」，如果總是寄望未來可能更好，卻忽略了現在的自我也必須快樂，那些憧憬說穿了也只是幻影，是永遠達不到的奢望，因為幸福感不會降臨在不快樂的人身上。

當你經歷過死亡，看世界就會更清晰。

一切還是在於愛自己，
把自己看重一點，多數問題就迎刃而解了——

# 即使身體暫時是殘的，心靈也比誰都茁壯。

人在身體脆弱時，最容易顯現抗壓性高低與成熟度，成熟與否立見真章。

譬如說，剛剖腹生產完時，傷口痛到連翻身、坐起、走路都像被刀割。休養的過程因為疼痛而不想動、脾氣暴躁，覺得自己應該要好好被照顧才可以。

那時候，筋肉爸爸只要一晚歸，我就會生氣；他睡著，我會不爽；他吃飯，我覺得礙眼。身體不舒服，就覺得身為老公的他，應該全心全意照顧我，怎麼可以只管自己吃飯睡覺呢？

那個傷口也讓我的憂鬱症越來越嚴重。有一天，坐在餐桌邊獨自吃著月子餐，媽媽打電話來問是不是忘記繳健保費？當下我掛掉她電話大哭，想著「我都痛死了，妳還問我有沒有繳錢，有事嗎？」」，持續好幾個月都不肯跟媽媽見面說話。

那時候我很幼稚也不成熟，各方面都不是個成熟大人，面對身體上的壓力時，心靈自然而然就脆弱軟爛了！

剖腹傷口與筋肉爸爸中風後的半身癱瘓、視力受損比起來，復原困難程度真的不到九牛一毛。

筋肉爸爸復健到現在已經超過半年時間，非常獨立自主，什麼都可以自己來。我們平時各自分工，我工作、他復健；我賺錢、他教育兒子。看著現在體型偏瘦，但是毅力堅定的他，其實很難與剛中風的樣子聯想在一起。

中風後醒來，他聽到護士跟我說：「這是衛教手冊，教怎麼幫病人翻身避免褥瘡，他現在癱瘓可能長褥瘡，妳要小心喔！」回想起來，比起我的震驚，老公應該更驚嚇！但當時，他只是掙扎著試圖轉身，沒有埋怨、沒有歇斯底里，就是一直動一直動，想要靠自己的力量坐起來。

剛練習坐著時，半身癱瘓的病人根本沒法撐住軀幹，他們很容易像新生兒般，坐起來後又倒下去。老公總是努力地用左邊身體支撐無法使力的右半邊身體，都撐到流汗了還是深呼吸後說：「我還可以多坐一下！」看護先生想要扶他，也總是被委婉拒絕：「不用扶我，我可以自己來，我想自己來。」

開始練習站立支撐，進入更高難度的復健時，常常肌肉關節疼痛，不只是被護具拉扯的痛，更是因為患側肢體變僵硬了，任何一點活動都會像組織被撕裂開來……儘管如此，他總要求物理治療師再讓他多做一點、難一點，而他都可以做足。

心靈的強大可以帶動身體的強大，強壯的靈魂將引領軀殼持續地堅毅不撓。

我強壯的老公，復健的日子，沒有因為痛、身體卡關、受到歧視而哭泣流淚過。唯一一次，就是看了媒體採訪後對我說「對不起」。

原來他這麼愛我，自己再痛、再困頓，都不會哭；卻會為了心疼我

強大心靈帶動強大身體，
引領軀殼堅毅不撓——

而落下溫柔淚。

好難想像，過去的那七年，我們竟然那麼針鋒相對、冷漠彼此！好想責備以前為了一些雞毛蒜皮小事，就與對方僵持不下的自己！

儘管手腳恢復速度緩慢，筋爸從沒遷怒過家人、給過情緒化的臉色。我想，這就像他練健身一樣，過程是孤獨的，必須持續與自己對話、用時間累積、克服身體痠痛受傷，才能變成壯碩的樣子；現在也是鍛鍊，只是目標變成能夠再度舉起兒子飛高高，和公主抱我這個壯碩的老婆吧！

我和兒子把他的堅強看在眼裡，兒子也逐漸開始堅強，常常說著，他要照顧爸爸。

之前有天，全家去賣場購物，東西越拿越多，連大型盆栽都想扛回家。筋爸面露難色地要我把東西放回去，但我想布置一個舒適環境給他放鬆身心啊，最後他忍不住說：「這麼多妳要怎麼扛回家？」

以往採買，不管多重都是老公扛；但現在單手還無法負重、又容易跌倒，不能幫我拿東西，他似乎有點內疚。但我都想搬回家啊！我想我那麼壯，買個購物袋塞一塞，一定可以！

結帳時，老公竟然在一旁準備用健康的左手幫我提購物袋，真是嚇死我了，一手搶過來，要他別擔心。最後，小男人奶諾跳出來幫我搬大盆栽，像螞蟻搬石頭的畫面真是可愛，其他的果然我兩手就扛得起來。

回家後，看著一屋子綠意盎然，三個人對望笑了起來……

老公的心靈強壯，最後，讓我與兒子也茁壯了！

## 如何解讀事情，世界就怎麼延續。

／

經歷了這些事後，我和筋爸兩人看待事情，都變得「很輕鬆」！一來是因為，事情再壞也壞不過死亡，活著就有無限希望；再者，許多問題臆測也沒有準頭，擔憂更無濟於事，嚴肅久了反而讓內心沉重，慢性壓力往往是壓倒健康的最後一根稻草。

### ◊ 對朋友的交情，看得更輕鬆了

在筋肉爸爸獲獎無數的日子，身邊有許多和他「哥來哥去」的朋友，把他捧得很高，追隨他的健身與飲食備賽方式。這些朋友人都不壞，即使現在也是，只是當老公開始復健，距離賽事越來越遙遠時，這些人，慢慢地就不再找他了。

我問他難過嗎？他說：「沒差啦！」繼續滑著手機看其他職業選手的IG。「但是啊，還是差很多，以前我的什麼貼文都按讚，現在連我的貼文都不看了。」他看似漫不經心地補充。

因為心疼老公，所以有點生氣，但深思後，對於「人與人」之間的距離，也有了不同看法。「再美好的關係，都必須保持一點距離」，這是我的總結。

對配偶、對孩子、對爸媽公婆、對兄弟姊妹、對朋友……都是。人，是一種必須擁有自我空間與時間的生物。或者說，人際間必須要有界線存在，否則很容易讓自己被過度依賴、被過度壓榨；另一方便，當自己變成了依賴他人的人，對於人生也很不健康。

君子之交淡如水，真正的友情是細水長流，不需要時時刻刻都如影隨形。

在醫院的日子，有些十幾年交情卻不常相約的朋友，跳出來幫忙，不論是醫療的轉介、溫情的陪伴、溫暖的擁抱……當一切重上軌道，大家又回到自己的生活步調，各自忙碌著。

反觀那些初見面就熱情如火，想跟妳當閨密、談心事的人，其實都有目的。不是為了工作，就是想探聽消息。朋友不用多，值得的那幾個就好了。

## ◊對錢改觀，不再為錢失去安全感

以前我常為了當月薪酬不夠而跟筋爸吵架、責備他不夠努力；也因為對錢焦慮，所以透支體能在工作上。

對錢沒有安全感時，賺再多都覺得不夠，變成每天被金錢綁架的人生，無法享受現實生活帶來的確幸。

當他倒下了，所有賺的錢都變成醫療支出，帳戶數字很快就見底。避免二度中風的醫療支出很驚人，自費復健的費用也高得不遑多讓！每週付出去的現金都是萬元起跳，到後來，一次掏出幾萬元也已經無感。

治療期間，錢收進來又都飛了出去。貸款、跟友人周轉，我成了負債百萬的人。要是在以前，應該會憂鬱症復發，但此刻，為了解決當下的「生命」困境，其餘的都變得無感了。

現在，我們對錢的看法是這樣的——

能用錢解決的事，都不是大事；有健康，錢都可以再賺！

錢少，就過錢少的生活；該花的錢，錢少也不能省，例如保險。

錢要存、要理、要規劃。有多餘收入，就規劃享樂預算，不要虛度人生；有更多的錢，就好好投資。投資自己，讓自己有更大的賺錢本領；投資理財，用錢去幫自己賺更多的資產。

對錢的態度改變了，日子，就變得輕鬆自在了。

## ◊對孩子的功課比重，放得更後面了

奶諾幼兒園時，我擔心上小學後競爭激烈，於是培育計劃萌芽，訓練看書、寫字、坐書桌……搞得才五歲的寶寶就沒有玩耍度日的時光。

進入小學後，更不乏看到許多家長，安排讀書計劃、上不完的課後輔導、每天寫功課、念書搞到十點後才能上床，為了寫字工整變成了橡皮擦爸媽……孩子都不像孩子了～他們根本沒有玩樂與摸索生命的童年時光。

筋肉爸爸中風後，奶諾有一段不快樂的日子，讓心理諮商師陪伴誘導了好一段時間。那陣子他常常暴怒、大哭，也缺乏安全感，讓我想到的是——健康包含心靈！心靈不健康跟身體不健康一樣可怕，生命不該是這樣度過的。

一個心靈不健康、靈魂不活躍的孩子，即使功課優異字跡工整，未來人生對於快樂的定義勢必走鐘，對於探索自己也將失去興趣；沒有興趣與熱忱的人，最終對生命失去安全感，即使他才藝全能、家財萬貫。

心情快樂，是最重要的；身體健康，是最重要的；品格培養，也是最重要的；我們不再把課業放在第一，而是更在乎孩子的心靈健康、品格培養以及持續探索人生的動力。

## ◇變得喜歡拿短處幽默自己了

現在，我們喜歡用玩笑帶過每一天。譬如老公會看著近期復健的照片說：「我每張照片都好瘦喔～」似乎是在意自己越來越不壯這件事，結果下一句「以後妳就是全家最壯的了，比我還大隻～哈哈哈。」他邊講邊大笑，原來哏在後面。

還有一天，醫院門口的風非常大，我正擔心他跌倒時，他突然大笑：「順風呢～我好久沒有這麼快走了！」可以這樣逆向思考，逗得我也大笑起來。

那天一時興起，看了陪他復健時寫下的文字，想不到換個心情，現在也只覺得好笑。

## ◆十隻鳥

趁著加護病房的探視時間，進去看稍微清醒的老公。他話講得很含糊：「噁們家，十個鳥，那十個鳥要餵……」

「什麼鳥？我們沒養鳥啊！」我邊哭邊擔憂他是不是智力受損……

「啊就偶和、兒子的鳥啊！」（他還生氣）
「你是說那幾隻甲蟲嗎？」我恍然大悟。
「四啦！」講完就睡覺了……

——原來甲蟲比愛我還重要
每天奔波之餘我都不敢怠慢甲蟲大爺們

◆太空船

第二天早上，去加護病房探望老公。結果，他沒睡還深情地望著我說：「累個，理記得，偶們一起，搭來地球的太空船嗎？有兩艘，一艘壞惹，那個好底……在哪？」
「老公，你在講《銃夢》的故事嗎？（筋爸最愛的漫畫）」我都快哭了，他是已經神遊到夢裡了嗎？
「啊那個太空船，在哪以……？」他眼神渙散地問。

——到底有多愛太空故事

原來幻境中我們是宇宙鴛鴦好浪漫

◆英文強迫症

轉入普通病房後，嬌貴的筋爸常因環境吵雜而躁動，我只好心一橫把年度醫美保養預算全部貢獻出來，讓他住單人房。雖然不再躁動了，卻感覺他「性情變了」！

例如，易怒！話講不出來就更易怒！只好下跪安撫，深怕他血壓飆高二度中風。這期間他開口只講「英文」。想要病床高一點「higher!」，沒人意會過來便惱羞成怒：「Why you are sooooo stupid？」

不只看護先生聽不懂，連來探望爸爸的兒子也聽不懂……兒子只好抓著爸爸的衣角小聲說：「爸爸，你可以不要一直說英文嗎？我聽不懂啦！」

——還好他幾日後恢復了中文能力

◆誠實機

老公易怒的時候，我才知道了一個他過去總是不說的事。

當時他插著鼻胃管，看到兒子吃零食，忽然像個孩子一樣討吃。

我只好安撫：「爸爸，再忍一下啦，醫生怕你現在進食嗆到會肺炎。

再忍幾天，等可以吃的時候，我天天做菜帶來給你吃喔！」

「很難吃啊！我不要啊！很難吃欸！」

噔楞！結婚八年，你終於說了實話，原來你一直覺得我做飯難吃！

——以後天天吃便利商店包子吧你

人生有很多大快樂，也有許多小快樂，更多的是每天微米的快樂，

就是這樣累積出來的！

## ◊我們，都學會懂得拒絕

自從一人當多人用，母職身兼家庭支柱、不專業看護、教練、講師、研究所學生……多重身分下，自然時間非常不夠用。我是天秤座A型女人，過去的致命傷就是「不懂得拒絕」。

不想接的工作，因為同事拜託就做了；不想出席的聚會，因為不想撕破臉就去了；網友不合理的要求，因為不想被說傲嬌就答應了；朋友提出的合作覺得不適合，卻擔心友情受損也硬著頭皮說OK。任何覺得自己會被當成壞人、被當奧客、被說驕傲的事，我通通不懂得拒絕。

但現在因為時間不夠用，因為沒有事情比「好好活著」更重要，我開始拒絕了許多事。然後發現：原來，真正的朋友不會因為拒絕而影響友情，會「靠腰」的不是真朋友；原來，推掉自己不想做的工作，可以有更多時間發展想要的事業，人生更多元了。這是一種「斷捨離」的自我鍛鍊過程。

你我，都需要具備這樣的能力。

# 婚內，還要再戀愛！

「我算是個兩性專家嗎？」

某天跟節目企劃對稿時，我忍不住冒出這個念頭。

因為寫了一些婚姻兩性相關的文章，經常被轉載，但我不認為自己就是兩性專家。真正可以為疑難雜症解惑的專家，需要極多的心理學相關背景才適當，我只是寫出故事與經驗的人，說我是專家、向我諮詢解決方式，都太過沉重了。

我只專攻健康與運動，英文叫「Wellness」，包含健身與身心靈營養，光是這樣就學不完了，還需要很多年的教學經驗，才可以變成更專業的角色。

但是學習健康的過程，也激發了我「自我療癒」與「疼愛自己」的能力。我發現現代人的生活非常需要這些能力，不論在兩性、親情、人際方面，都能讓生活變得更舒適順遂，不妨說，念書進修讓我換了腦袋、看待事情的觀點，世界從此不同。

譬如，有天奶諾的一句話就激發我不少聯想——爸爸媽媽，你們之間還有愛情嗎？

這陣子，看到許多友人不只為了對抗麻煩的肺炎病毒感到心力交瘁，還有逐年累積下來的夫妻關係。不少人覺得在家時間變多不見得是幸福，而是對另一半相看兩相厭！

以前還可以藉故上班、社交、陪孩子，來過著「彷彿各過各的人生」；但現在幾乎沒有地方可以躲藏，尤其是必須待在家的人，除了身心壓力，還有隱藏已久的夫妻問題，這下都因為面對彼此的時間太長，全像地雷一樣爆出來了。

這年代要在社交圈、社群上維持家庭美滿樣貌實在非常容易。一張照片、一段影片，就會讓人以為公主王子持續過著幸福的日子。事實上，真正的日子是如人飲水、冷暖自知。「長時間相處」有如殺手鐧，看著、相處著，摩擦就多了起來；摩擦多了，舊帳就翻了出來；舊帳重掀，卻不曾有過面對問題的解決之道，於是新仇舊恨，家裡的戰情比起外面的防疫抗戰，耗費心力程度不遑多讓。

幾年前，我和筋爸也是這樣的。旁人總認為我們是恩愛鴛鴦，實際上，夫妻倆早因為疏於溝通，或者說每次溝通情緒都很多，所以越講越糟，甚至動不動上演全武行，兩顆心漸行漸遠。

我們經歷過各自在外尋找春天的時期；因為家裡太悶了、內心壓力太大了，再也找不到當初內心會悸動的原因。看到對方都很希望他趕緊出門，要不誰在客廳，另一個就往房間躲。

有一幕我記得很清楚：我們開著電視、滑著各自的手機，我試著用「想溫柔但溫柔不起來」的聲音對老公撒嬌，其實我也不是真的想撒嬌，

不要奢望對方改變，
也不需要犧牲自己，尋找第三條路就好——

只是覺得夫妻共處一室卻像陌生人般實在彆扭。沒想到，他露出嫌棄到不行的眼神與語氣直接拒絕。

！！！！！！

這麼被嫌棄，頓時充滿羞辱感，於是我們開始大吵，沒有任何的原因，就是我不爽他的態度、他覺得我莫名其妙，然後大翻舊帳，翻到連婚都還沒結時的狗屁倒灶小事……最後，我動手推了他，筋肉爸爸也反推我，我一個大踉蹌跌到地上撞到瘀青，就這樣一個無聊的小事件，成了我們夫妻凡吵架必動手的開端。

自此以後很多時刻，只要溝通不良就會上演全武行。每一次，都是我推他擋；他擋我跌倒，我便開始打；他火大了回推我、用力推我，最後有一天，他的推就跟打一樣。

我們的吵架都是在兒子睡沉以後，即使沒有傷到孩子，但孩子也知道爸爸媽媽之間「沒有愛情」了，因為，這些黑歷史已經徹底破壞了我們的婚姻。

每次手腳全上以後，彼此內心傷痕更多了。自結婚累積以來的問題，從來沒有被解決過，一開始是把壓力藏在內心，接著是有話不說；家庭裡的壓力便如千斤頂越來越沉重。直到有一天，夫妻兩人無法再負荷那種討厭又無能為力的感受，每一次都想要發洩怨氣，變成了傷害。

現在回頭看這段黑歷史，其實，有好多簡單解決的方法。

- 雙方有情緒所以溝通不良時……轉身走開，做自己的事就好。
- 夫妻都會犯錯……事情過了就別再翻舊帳，重提往事。
- 不公平的感覺導致暴走……別忘了那都是自己的選擇所導致。

夫妻的爭吵很多都不是因為什麼事件，而是一種「不甘心」、「不對等」的感受——

為什麼我要養家、顧孩子？為什麼我要照顧你爸媽卻不能平等地回我家？為什麼你可以喝酒鬼混，我卻得像個黃臉婆養育跟你姓的小孩……彷彿社會從來沒有公平，夫妻之間也是。

養孩子與工作是兩件全然不同的事，從來就不存在等號與平等。妳可能覺得整天面對孩子很辛苦，都沒有自己了！但是在外奔波的人，工作時也很難有自己啊，可能他還羨慕妳至少面對的是心愛寶貝，而不是很想一把掐死的客戶。

夫妻間不同個性而延伸的行為模式，從來就不能用同樣的條件與人設去比較。譬如：婚前就愛應酬的另一半，當婚姻卡關時，自然更愛往外跑；聽到朋友的老公都乖乖待在家時，覺得真是顧家好男人，但說不定對方老公原本就是宅男一枚……

夫妻之間，一定都有犧牲；既然是犧牲就要心甘情願，如果不爽，就努力去抗爭、改變。

我討厭對方要我去做違逆本性的改變，也不會硬要對方變成自己理

想想他的犧牲與付出，
想著今天的幸福不見得是明日的光景，
日子就會一直幸福下去——

想的樣子。這世界上不是只有東與西，三百六十度全方位都是可以走的新出路。

很多時候，夫妻之間的事很難有真正的結論。因為，每個人都是不同家庭背景出身，有自己獨特的個性。但是有個方法或許可以讓彼此間的愛情長存，那就是「永遠不要把對方的存在與付出當成理所當然」；保持感謝的心，也持續地不放棄自己所好，就成就了歷久彌新的婚姻。

某個週末，奶諾翻到我和筋爸的婚紗照，其中有一張是手牽手的特寫，兒子問這是誰的手。

「是爸爸與媽媽的啊！」我說。

「你們那時候充滿愛情！」奶諾天真地說。

「那現在呢，現在爸爸媽媽沒有愛情了嗎？」老公問他。

奶諾歪頭一下，笑得很幸福地說：「你們現在有愛情啊！」然後我們三個抱在一起。

永遠別把對方的付出當成理所當然——

# Lesson 2

## 上半身伸展／卸下肩上的重壓，適時放過自己

每當緊張時，肩頸就會無意識地繃緊嗎？曾經發表多篇筋膜相關論文的德國施萊普博士（Dr. Robert Schleip）就指出，現代人的下背疼痛問題，九成是因為「胸腰筋膜」不健康。

簡單來說，筋膜就是我們在烹煮牛排時，肉塊外面那層透明、白色的結締組織。當然筋膜不只在肌肉上，而是分布身體各處，從表皮下到內臟，形塑出人體的模樣。同時還有感覺、做動作、傳遞營養的功能，一旦緊繃失去彈性，身體的全部與核心肌群都無法好好地做出動作！而胸腰筋膜是人體最大片的筋膜系統，就像一個大Ｘ，包覆住身體的肌肉、內臟，串連起對側手臂與臀腿，連結腹橫肌、支撐核心肌群，健康的胸腰筋膜才能讓身體更穩定。

照顧上半身時，我們可以舒緩的部位包含了：

・**胸部肌群：**人體胸部位置，太過緊繃時，會將肩膀往前拉，造成肩胛骨下旋、前傾，變成圓肩。

・**背闊肌群：**從背後連結到肱骨內側，負責支撐肋骨，與胸腰筋膜同是支撐軀幹的重要角色。太緊繃的時候，肱骨會往內轉，變成圓肩。

・**肋間肌：**人體肋骨間的肌肉，如果太過緊繃，就沒辦法在呼吸時讓肋骨充分橫向擴張。

・**枕下肌群：**枕骨往下三個指幅延伸至耳後，躺枕頭時會壓到的地方。圓肩造成脖子前引、枕下肌群緊繃無力，而枕下肌群又布滿密集的感覺受器，經常按摩能舒緩緊繃感、活絡本體感覺受器，讓頭部更有能力維持在正中位置。

不請自來的挫折，每一天考驗著我們的抗壓性；然而，抗壓性越強的人，越容易將壓力藏進身體裡。透過「筋膜」的按摩，可以放鬆上半身的緊繃感，從壓力中舒緩解放。

後續我將針對上述部位分享用滾筒、PNF伸展的筋膜放鬆。運動前別忘了檢測各部位的柔軟度，才知道身體有沒有進步喔。

解說看這裡

—胸部肌群—

跟做影片

自我檢測

一手扶住肋骨避免外翻，另一手向外打開，感覺胸口可以展開的程度。換邊動作。

## 滾筒按摩

▧ 慢滾6下、快滾6下

▧ 壓在痛點上活動關節30秒

身體俯趴，將滾筒斜放在腋下，慢速滾動6下快速滾動6下，活動肩膀關節30秒。換邊動作。

這個動作可以改善胸部肌筋膜張力，使筋膜更有彈性、改善肌肉滑動，同時也可以按摩到胸小肌。

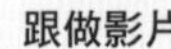

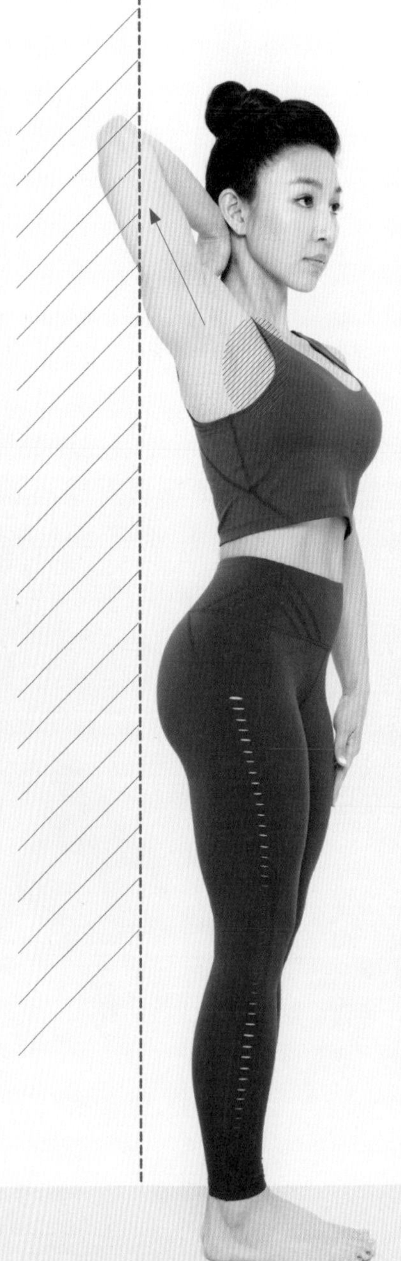

## PNF伸展①

▧ 用力10秒、伸展20秒為1回
▧ 左右各3～5回

右手放在腦後，手肘靠在牆上用力推牆10秒，伸展20秒鐘，重複3～5回。換邊動作。

動作過程中注意不要憋氣。

跟做影片

## PNF伸展②

▧ 開合10次

準備拉力帶，雙手抓住帶子兩端，手掌朝上，手肘緊靠身體。以1秒的速度雙手水平向外打開直到感覺背部緊繃，3秒的時間回到起始位置，重複10次。

動作過程中手肘保持夾緊、緊靠身體。

— 胸小肌 —

跟做影片

自我檢測

雙手抱頭，手肘展開，胸口不要往前挺，感覺胸口可以展開的程度。

從腋下撥開胸大肌，向內側按壓即是胸小肌。

## 徒手按摩

▧ 左右各30秒

身體站立，左手高舉，右手按壓胸小肌，活動肩膀關節30秒。換邊動作。

上下或水平移動、順時鐘逆時鐘地轉動手臂。

跟做影片

自我檢測

一手扶住肋骨避免外翻，另一手慢慢舉起，感覺單邊背闊肌的柔軟度及肩關節的活動度。換邊動作。

## 滾筒按摩

▧ 慢滾6下、快滾6下

▧ 壓在痛點上活動關節30秒

身體仰躺，將滾筒放在背部下方，身體前後慢速滾動6下快速滾動6下，活動肩膀關節30秒。換邊動作。

## PNF伸展 ①

▧ 用力10秒、伸展20秒為1回

▧ 共3～5回

身體跪姿，雙手放在滾筒上，雙手下壓的同時將滾筒往身體滾，感覺背肌收縮，持續10秒；放鬆身體貓式伸展20秒。重複3～5回。

跟做影片

## PNF伸展 ②初階

▧ 左右各10次

準備拉力帶，左腳踩住帶子的一端站立，右手握住另一端，以1秒的時間上舉至肩膀高度，以3秒的時間慢慢放下，重複10次。換邊動作。

這個運動不只動到三角肌，因為三角肌是背闊肌的拮抗肌，所以背闊肌也會放鬆。

# PNF伸展 ②進階

▧ 左右各10次

準備拉力帶，左腳踩住帶子的一端，做出髖屈動作（弓箭步），右手握住帶子另一端，手肘彎曲，以1秒的時間將右手往上拉，3秒的速度放下，重複10次。換邊動作。

初階動作的側平舉可以收縮整個三角肌，本體感覺變好後再做進階動作收縮後三角肌，可以更精準地放鬆背部。



跟做影片

跟做影片

## 滾筒按摩

▧ 30秒

身體仰躺，將滾筒置於枕骨下方，
配合呼吸，左右轉動頭部30秒。

枕骨下三個指幅寬到耳
後的區域都要按摩。

—肋間肌—

跟做影片

自我檢測

雙手交疊，維持骨盆正中位置，左右轉動身體，感覺身體的活動度。

## 滾筒按摩

▧ 左右各30秒

身體側躺，將滾筒放肋骨，身體在滾筒上前後轉動按壓30秒。換邊動作。

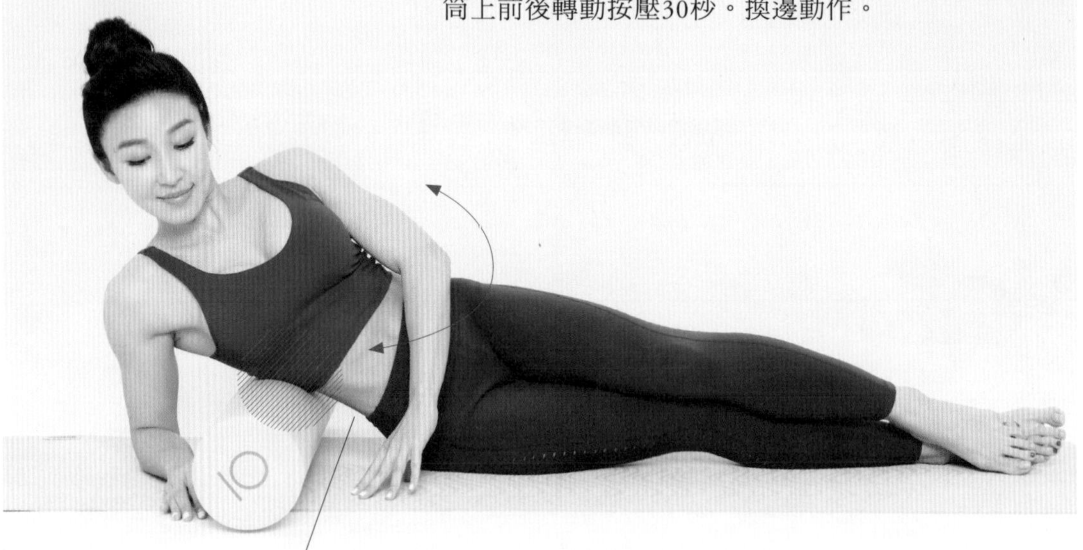

若有需要，可以多換幾個位置按壓。

## 上半身伸展菜單

上述介紹的10個動作，大家可以選擇單個動作來做，若想完整串連，我也安排了最佳順序，跟著我的QR-Code影片，就可以卸除壓力、喚回身體的輕盈。

對位特製
訓練菜單

①

背闊肌群 /
滾筒按摩

- 慢滾6下、快滾6下
- 壓在痛點上活動關節30秒

②

背闊肌群 /
PNF伸展①

- 用力10秒、伸展20秒為1回
- 共3～5回

③

背闊肌群 /
PNF伸展②初階

- 左右各10次

④

背闊肌群 /
PNF伸展②進階

- 左右各10次

⑤

胸小肌 /
徒手按摩

- 左右各30秒

⑥

胸部肌群 /
滾筒按摩

- 慢滾6下、快滾6下
- 壓在痛點上活動關節30秒

⑦

胸部肌群 /
PNF伸展①

- 用力10秒、伸展20秒為1回
- 左右各3～5回

⑧

胸部肌群 /
PNF伸展②

- 開合10次

⑨

枕下肌群 /
滾筒按摩

- 30秒

⑩

肋間肌 /
滾筒按摩

- 左右各30秒

# Chapter 3

# 低潮中，我愛上你那強大的靈魂

# 因為強大的心，你是真正的王者贏家。

某日中午和老公、兒子出門，司機本來已經靠邊停了，兒子也準備開門上車，結果司機看到拄著拐杖的老公，竟然踩了油門加速開走。兒子還傻傻地想追車。我立刻大吼要兒子別追了，真的很危險，也真的很傻眼。

沒想到筋肉爸爸淡定地說：「也不是第一次，之前我自己叫車去復健，常遇到這樣的狀況，司機看到我拿拐杖就開走了。」

我很火大，但是，老公平靜的表現，看不出喜怒哀樂的表情，讓我更心疼。

這社會有許多現實的人性、現況，是我們不得不去面對的。就像王者身邊總是縈繞著追隨者，落水狗總有人拿著棒子追打；就像缺乏同理心的人，面對身體不方便的人時，把對方當成麻煩累贅，不給予尊重，那難看的嘴臉與態度，或許讓許多正在努力復健的人，心靈又被割了好幾個洞，卻沒有治療的方法。

筋肉爸爸在幾個月前還是準備披戰袍出征歐洲的國家選手；現在卻得努力讓自己站起來，還要面對這些惡劣傷人心靈的路人甲乙丙丁。這個上帝給予的考驗，真的不是很容易。

晚上我問老公：「親愛的老公，從你開始復健以來，我沒見過你抱怨或沮喪。一直以來，你面對挫折都可以這麼平靜嗎？」

老公笑著說：「對啊~去面對、去克服就好了。我不是每天都在進步嗎？」

認識老公以來，他沒有不帥過、不壯過。

在他充滿意志力的鍛鍊下，身體越來越強壯似乎不是難事；即使曾經遇到中年轉業危機，夫妻倆一起創業時有過瓶頸，但他好像很輕鬆就當上主管、不太費力就考到國際證照、只努力一下就當上講師、第一次出國比賽就是雙冠軍，然後一路成為越來越強的運動選手……

其實，這八年，我不曾真正地認識過老公，因為，我沒有陪伴過真正低潮的他。

我不知道他面對低潮的模樣、我無法預測他遇到挫敗是否容易被擊垮；我不確定他輸了時，是否可以依舊保持運動家精神。

但現在知道了！筋肉爸爸是真正的運動家、賽場上的王者！即使他在這場人生賽事中一時地跌倒，都不曾讓他喪失面對未來的信心。

他像是一頭牛，默默地持續努力，即使進步得很慢，也不影響他強大的心。他不怨天也不尤人，而是平靜地面對自己，求取每一個更好的明天。

如果需要十年，
他才能扳倒我的手，我也願意等——

# 當他成了奶爸，我成了一家之主（煮）。

和筋肉爸爸對調身分，轉眼間已經好一段時間。

自從他出院回家後，就負責專心復健以及與小一兒子共處，我負責在外奔走賺錢養一家老小。這段期間的故事絕對不是無痛轉換，而是父子倆雞飛狗跳、人妻我忍怒到暗傷、溝通再溝通、引導式改變、自我開導（改變不了他人只好自己轉念）。好不容易都步上軌道，但依舊經常上演讓人青筋暴走的戲碼！

太多我想要一吐為快的地方——關於夫妻對調身分後的恍然大悟。譬如，以前我最不爽老公下班回家悶聲不談心，一直滑手機放空，不想聽我說話。但當我自己變成主要工作者後，每天要面對來自工作、人際溝通、成本營收、教學品質等各種壓力，回到溫暖的家，只有一個想法，就是癱在沙發上讓腦袋放空，才可以繼續明天同樣奔波的生活。

偏偏這時候，兒子來告爸爸的狀、爸爸也來說兒子哪裡不乖……這種精神壓榨真的是太折磨人了！我需要休息啊~你們不能做好自己的本分嗎？

又或者，因為真的太累了，所以回家後我終於可以卸除笑臉，不需要再維持講師形象。老公走來問我話，我意興闌珊地回覆，卻讓他開始生氣鬧彆扭了！原來他覺得我態度很差，對他愛理不理。為了讓自己有好日子過，只能先安撫老爺，但內心卻不爽得要命，覺得沒有被體諒……等一下，這畫面好熟悉，不就是以前我老抱怨筋爸回家不聽我說話的場景嗎？

還有一次，是在他中風後唯一的嚴重爭吵！

有個我們共同的女性友人想邀約吃消夜、喝喝酒。我心想可以趁機做工作上的交流，就給筋爸看簡訊同時確認：「我可以去嗎？我要去喔～順便聊工作。」

但筋肉爸爸卻突然鬧起脾氣！

他先是說：「妳又想要喝酒，去啊！很愛喝咩～」接著就自己去洗澡，不搭理我自顧自地看電視，完全把我當空氣。

我內心的不爽開始發酵：「我知道你對我自己出門很敏感，但對方是女生吔，也是你的熟人，出去聊天，有必要生那麼大的氣嗎？」但我還是試著和顏悅色地對筋爸說：「因為怕你擔心，才讓你看簡訊。那就是我們朋友啊，順便談工作，不是很好嗎？我也想休息一下。」

「所以跟我一起很累，妳需要休息嘛！談工作就談工作，有必要喝酒嗎？」筋爸持續任性中。

「你有沒有考慮過，我每天工作壓力有多大，教課很累，面對一堆攻擊還得想辦法賺錢養你們。我明明是想去談工作，你有必要生氣嗎？跟朋友小酌放鬆不對嗎？」我怒吼了。

雙方情緒激動，吵了快一小時還沒能停止！但是這個場景也很熟悉啊，只是換了身分而已。過去我總是不給筋肉爸爸與朋友出去的時間，認為他的時間都得用來陪我與兒子；也沒關心他該如何紓壓，總覺得扛起一家之主的責任才是真漢子；常常在他下班後還要找架吵、給臉色看……原來是這樣委屈的感覺。

夫妻之間互換身分後，我們學會了「換位思考」，才了解到彼此的需要。

當奶爸這件事也是歷經了一番波折。

小一的奶諾很天兵，都過了一學期，對於寫作業還是經常忘東忘西，寫的每個字都彷彿不受控的個體，再不然就是寫個十分鐘便大喊：「好累喔～我寫一個小時了吧～我要休息！」

回憶起他大班時，我幾乎在家工作，為的就是陪他養成讀書的好習慣，那時候規定他天天練琴、看注音書、寫邏輯數學……明明是該輕鬆的幼兒園時期，因為我所有的專注力都在他身上，於是會急躁、耐心用盡，每天為了孩子的事暴跳如雷，當然孩子也被我弄得緊張兮兮。

直到跳出「陪讀老母」的身分後，親眼看著筋肉爸爸變成「被自我意識囚禁的陪讀老爸」，經常為了兒子寫字歪斜、忘東忘西而大動肝火，最後一個大吼一個大哭，實在讓我感慨萬千。

某天，筋肉爸爸又搬了椅子在奶諾身邊分秒不漏地盯寫陪讀，沒一會兒聽到兩人開始爭吵，感覺兒子又要大哭，我走進房內對筋爸說：「爸爸，你累了，出來喝點東西休息一下。」（其實我超想大吼，要他立刻離開房間，偏偏怕這樣有損他在兒子眼中的威嚴，還得小心翼翼地想藉口）。

結果，老爺不領情，皺著眉回我：「等一下，他寫到一半啦！」

儘管內心已經火山爆炸，但我表現得有如平靜的湖水：「我知道。你～～出來喝個水。」（因為最後一個「水」字說得特別用力，筋爸終於知道我在發火，悻悻地離開兒子房間）。

「爸爸，我說過很多次。你真的不需要一直坐在小孩旁邊，你可以做自己的事，讓他完成一個段落再檢查。念書是他的責任，他必須學會自主學習，而不是被逼到長大還不知道為何而念！」

老公說：「他都亂寫啊，我也是有好好講。」

我說：「你一開始就凶了，自己不知道而已。他寫不好，就讓他自己去學校承擔後果，這是他的功課。」

這讓我想到，當我把兒子當成世界時，也曾是這樣的母親。在家時無法放心做自己的事，反而讓母子關係緊張，孩子同時喪失了學習興趣。直到有一天，我必須在外工作，這種自我強迫不藥而癒，反而是在家時想要兒子做什麼事或是練琴，講一聲他就乖乖聽話，完全不用我發火，他開心我也開心。

這中間到底發生了什麼、改變了什麼，所以我和奶諾才能融洽相處；而筋肉爸爸又是為什麼墜入我以前的陪讀魔人深淵？

我想，可能是因為……我們太容易想幫孩子做所有事、又無法對孩子放心、不自覺地在意制式成績與課業規範。

當陪伴孩子的時間多了，就變成了恐怖的陪讀魔人；當孩子無法依照制式規範走時，性情暴躁起來，反而讓孩子失去自主學習的機會。

每個孩子都是獨一無二的，為什麼字一定要寫得端正？為什麼一定要逼他完成所有功課？如果他不能理解功課的意義，就會覺得一直被罵很痛苦。不知道為何而寫還要寫更多時，只會把他更推離知識，因為功課給他的聯想就是爸媽生氣的臉與大吼的聲音。

知識的吸收、潛能的開發、天賦的找尋、興趣的摸索，一旦與「壞情緒」連結在一起就完了！

沒有任何人會想去做讓自己難受的事，很可能想都不用想便逃開了。而大腦的最神奇之處，就是可以讓兒時的不愉快種子成長為一棵幽暗大樹（當然也可以讓自主學習的快樂回憶，茁壯成一片神氣活現的森林）。

所以身為爸媽的我們，寧可先讓孩子自己吃虧受挫後，去懂得讀書

面對孩子的犯錯，
爸媽的工作就是陪伴——

的重要性。而不該是我們拿著無形的鞭子，逼他們完成每項作業、在校絲毫不犯錯，最後成為了沒有人生目標的人。

孩子都是聰明的，想要讓爸爸媽媽開心。所以當兒子知道我工作辛苦，回家會期待他的聽話或是好的學習態度，便會自動做出讓媽媽放心、開心的事；無形之中，變成只要我開口，他就什麼都自動自發完成的良好狀況。

在外拚事業的壓力是很大的，支持我的最大動力，就是回家看到幸福的筋肉父子，更能幫我的心加滿油，繼續在外拚搏！但是，一踏進家門便看到老公罵人、兒子大哭的場景時，真的會壓力爆表，無法壓抑累了一天的怒氣！如果這時候筋肉父子又再出來各自告狀，我真的立刻理智斷線、變身母夜叉，最後在半夜暗自垂淚……我明明想看到快樂的他們啊，為什麼我也參與了戰爭？

這樣的心情真的很讓人氣餒，更會影響在外的鬥志。如果你們現在是在家育兒的角色，千萬不要掉入了我曾經的陪讀魔人地獄，不只孩子會困惑讀書的意義，其實也很傷夫妻的感情。

# 孩子，與爸爸。

我常在想，筋肉爸爸剛中風那陣子，最辛苦的可能不是我，或許也不是筋爸，而是我們的奶諾寶貝。

他才六歲，許多事情還不會表達。似懂非懂的年紀，因為爸爸生病被逼著長大，身為母親的我只能安慰自己「他會因此成長的」。但實際了解他的心靈，還是令媽媽的心五味雜陳——有心疼、更有感謝，還有許多的擔憂。

筋爸住院那陣子，老師不止一次跟我反應，奶諾在校出現用肢體推擠同學的情形，雖然只是小動手，但有一次是真的傷了同學。

我知道這不尋常，絕不是小一新鮮人對新環境的不適應。因為兒子從幼兒園開始就是「小暖男」，愛幫老師的忙、喜歡照顧年紀更小的朋友，對同齡朋友更是充滿熱情。但現在，只要同學言語肢體不友善或是讓他煩躁，他會直接下手為強。

於是安排了時間，帶他去看心理諮商師。

我始終認為從小有心理諮商的習慣並非壞事，甚至成人更需要！因為任何的情緒壓力、心靈傷害，都可能在日積月累下，成為改變人格的關鍵。我曾有過很長的憂鬱症病史，知道那個病累積了好幾年，不希望自己的孩子也走上同樣辛苦的路。

諮商師像個溫柔的大姊姊，奶諾很願意跟她聊天。我在旁邊靜靜地聽著，不出任何意見，但諮商師的初步評估卻讓我大噴淚。

奶諾跟諮商師說，他想要畫圖。於是，他們一邊畫圖一邊聊天。

「你會畫男生女生嗎？」大姊姊說。

「我來畫個媽媽和我自己！」奶諾開心地回答。

他畫了一個跟他過去畫的差異頗大的媽媽——以前他畫的我，都是穿公主裝、高跟鞋，頭上有蝴蝶結或皇冠，還有長長的頭髮。但這次我還是長頭髮，卻看不到公主裝，也沒有任何的高跟鞋或頭飾，而且「手變得很大」。

然後他畫了自己，手更大，比我的還大。

「為什麼媽媽手這麼大啊？」諮商師姊姊問。

「因為媽媽長大了。」奶諾一邊說，一邊幫我補上長頭髮。

「那你的手為什麼這麼大呢？」姊姊又問。

「我手受傷了，現在再長出來，但還沒有好。」奶諾一邊敘述一邊幫自己的手指加上長出來的部分。

「這是我的表情。」奶諾邊說邊在自己的臉補上往下垮的嘴巴。

「那你畫個爸爸好嗎？」諮商師說。

「爸爸還在醫院吔～」奶諾說，完全沒有想要畫出爸爸的意思，但筋肉爸爸已經回家了啊。為什麼他要說爸爸還在醫院呢？難道他潛意識認為爸爸還是住院？

「那你畫醫院好不好？」諮商師說。

「好吧～」奶諾畫下好高的醫院，沒有門，只有兩個窗戶。

「醫院畫好了，畫爸爸吧？」諮商師試探地問。

「他在窗戶那裡。」兒子用筆指著窗戶。接著，他開始補上很多的幽靈、蜘蛛、蟑螂，每個幽靈都是笑笑的表情。

「你畫了好多幽靈和蜘蛛、蟑螂……為什麼啊？」諮商師問。

「媽媽很怕蟑螂，這邊再畫一隻好了！」他有點調皮地說，然後畫出更多的蟑螂、蜘蛛。

「真的不畫一下爸爸嗎？」諮商師冷不防地問。

「這裡沒有空間了，可以再給我一張紙嗎？」兒子說。

「那你畫背面好了。」諮商師把紙翻過來，是有許多線條人物的評估畫紙。

奶諾用那些小人說了一個故事：自己愛跳水，爸爸陪他跳水，水裡有好多水母，他跳水後彈起來爬上去，上面是爸爸在接他抱他。

之後奶諾自己玩小積木，諮商師趁機帶我到外頭。

「孩子畫圖時，把手畫得很大的意思是，他想要承擔更多事情，但可能有點超過他的能力或是他不知道該怎麼辦，所以手受傷了；他覺得媽媽也要承擔很多事，所以說媽媽也長大了，媽媽的手才這麼大。」這時候我已經哭出來，奶諾一直在觀察，知道媽媽在努力撐起這個家，他想要幫忙，讓我很心疼，也感激著他的暖心。

「他還不知道怎麼表達情緒，所以始終不肯畫出爸爸，相關問題也迴避掉了。或許要等我跟他更熟了，他才會打開心房告訴我覺得爸爸怎麼了。他畫了很多恐怖的東西，可能有壓力讓他害怕。但他聊到的爸爸，都是爸爸以前的狀態會陪他玩，他真的是很會表達的孩子。」治療師一口氣說完。

他不肯畫出爸爸，可見內心受傷、無法面對現況的情形有多嚴重。於是我們排定了後續的定期諮商，讓專家教孩子學會表達情緒，也利用繪本去理解「中風」是怎麼一回事。

有一天奶諾跟我說，他怕高年級的哥哥姊姊看到爸爸會笑他，他會生氣地打他們。我說，如果真的發生了，你不能打他們，那是他們不懂事，但你可以去告訴老師有人笑你的爸爸（其實我也不知怎麼處理會比

孩子的懂事程度，
總是超乎父母想像——

較好）。

好比走在路上，總是會有年紀小的孩子頻頻回頭看拄著拐杖的筋爸，我不怪孩子不懂遮掩情緒，但擔心奶諾感到不舒服。我只期望著，即使過程有點辛苦，卻可以讓我的孩子，讓我們自己，更懂得用溫暖的心、同理心，去看待社會上每種狀態的人們。

當我們用成熟的態度去教育他們、把孩子當大人看待、不避諱家庭話題，便成就了更貼心的孩子。後來的奶諾，不再畏懼路人對老公的眼光，還會主動想要保護爸爸。

某天，筋爸帶奶諾去上跆拳道。我接他們下課時，兒子見到我就給我一個大擁抱說：「媽媽，今天真的對不起！」

「對不起什麼事？」我問。

兒子說：「今天爸爸帶我去上課，我按不到關門的按鍵，害爸爸被電梯夾到，我覺得很對不起，沒有保護好爸爸！然後我就哭了。」

天啊，我也要哭了，我立刻把兒子抱在懷裡說：「你很棒喔！你把爸爸保護得很好啊，爸爸回來的時候超開心的！謝謝今天媽媽不在的時候，你幫忙照顧爸爸。」

此後的每一天直到現在，奶諾都堅持要最後一個出電梯，因為要幫爸爸按住門，才不會再讓他痛痛。他會忘記自己每天該吃的維他命，但對於叮囑爸爸好好吃藥吃維生素，可沒有忘記過。有時候他會告狀：「媽媽，爸爸又偷吃糖果了！」因為我交代他，爸爸的飲食要很注意，不能亂吃東西。

有一天，他突然驚喜大叫：「媽媽，爸爸的手可以環抱著我了耶！」驚喜的小臉蛋，激勵著老公要更努力復健，直到有一天可以再把兒子抱到肩膀上。

最近吃飯時，餐廳給奶諾蠟筆畫畫等餐。他快樂地畫出了我、自己，還有笑盈盈的爸爸；而我知道，這個孩子，已經走出了他的陰霾。

# 心，決定了日子長怎麼樣！

最近遇上朋友，大家都會說同樣一句話：「我覺得妳好堅強好辛苦，怎麼撐過來的啊？」

其實，我真的沒有撐。

對我來說，事情永遠做不完；日子就是有計劃、有目標，趕不上變化時就乘順水船，轉彎後柳暗花明又一村地過……我真的不覺得自己辛苦。

我的工作是自己喜歡的事，可以自己調配時間，教學之餘順便運動，老公也在康復的路上；兒子雖然皮到不行，但還是乖男孩。真的要說辛苦的地方，大概就是時間不夠用而已。

可是，朋友說：「這樣真的很辛苦啊。我跟老公都會想，如果遇到妳這樣的狀況，可能會不知道該怎麼辦、不知道怎麼照料一家老小。治療費這麼貴，小孩才剛上小學，我們都是夾心世代，怎麼可能不辛苦？」

若是這樣想，現實的確是如此。但是，現實不能改變，心態與想法卻可以變。

當我不去想自己的辛苦，日子就充滿幸福感。哀怨辛苦無法改變現實的一絲一毫，悲傷的心也會讓好運漸行漸遠。

我想到自己結婚前心態不健康的時候，有一陣子不斷地失戀、工作不順，偏偏自己只是個低薪的OL，付了房租就存不了錢……覺得生活辛苦又沒目標。看著自己節目訪問的人，一個個創業、壯遊，圓夢者的年紀都比自己小，真心感覺人生很悲傷。

那個時候只要遇到新朋友、姊妹、同事，逢人就訴苦。每次講到辛苦處，就會讓情緒陷入痛苦的深淵。每一次的訴苦，從來沒有讓我真的好轉過，甚至越來越憂鬱，日子只是越來越難過而已。

終於意識到悲傷的心無法讓生活好轉，是好幾年後的事，其中「運動」改變了我的身心靈，我再也不想重蹈覆轍！

其實只是個小小改變，學習去「接受」自己現在的狀態，做好最壞的打算，接下來不會再更糟，所有的比較級都是人賦予的定義而已。既然過去的狀態已經是底，未來就只差尋求各種更好的可能。

學習接受，從接受中再改變，是人生很重要的課題。如果人生中都只有悔恨與不甘願，就算坐擁金礦銀山，也沒有辦法得到快樂。譬如：如果我一直糾結於老公為什麼會生病，或是希望他立刻回到可以賺錢的狀態，那日子就會過得很慘，因為我沒有接受現況。

我不認為要養一家子很苦；我覺得自己可以做到，很強。

事發以來，我的心態就是——就算老公以後好起來了，我也不期望他一定要賺錢養家。當個奶爸，做能讓他開心的事，我就會跟著開心。

有了這樣的心態後，現在最讓我有衝勁的事，就是想著要怎麼擴展心態，決定了想法；

想法，就影響生活與未來——

事業、怎樣賺到更多的錢、如何讓未來的出路更廣……每天的日子都充滿挑戰，哪有累與辛苦可言呢？

就像有一天忙了整天回到家，筋肉爸爸面露神祕笑容，原來，他買了情人節禮物——美女與野獸的永恆玫瑰與玻璃罩給我（雖然是刷我的卡）。我想，我們的愛，不只是永恆，更是堅不可摧。

每個人在面對人生時，都有各種問題需要解決。幸不幸福、活得開不開心，其實都是當下的心態。

學會珍惜後，有更多的生活小瞬間，讓我覺得很幸福、很感動。譬如，兒子睡前，爸爸幫他抓背儀式的瞬間；老公與兒子忘記帶鑰匙被關在門外，等我回家，看到他們一起對著我傻笑的瞬間……這些瞬間充滿無法取代的幸福感，尤其當這一切曾經差點失去時。

過去，當我們夫妻關係很差時，我們有好幾次吵到直接打架。那時候的心情，真的是巴不得對方乾脆離開自己的生活，想不透眼前這個人怎麼會惡劣到極點。

比較級都是人賦予的定義，
眾人認為的負面其實是勇者的養分——

為什麼人總是這樣呢？越愛的人，對他們的憤怒就越多；害怕失去又不珍惜，只因為習以為常。

現在我面對生活的心情，是努力去享受每一個當下。當對方讓自己動怒時，也會去思考，是要立刻用怒氣回應或是消化一下情緒，稍晚來個愛的和解。而我發現這樣的改變，影響最大的就是兒子的情緒，還有他面對自己怒氣的解決方法。

現在兒子快要發脾氣時，他會試著直接說出生氣的原因，也會在我們提醒他要控制脾氣後，快速消化壞情緒，轉成笑臉男孩。

人與人之間的磁場與相處方式是會互相影響的。

從自己開始改變，開始珍惜每個小時刻，家，就會變得很溫暖，很幸福。

## 走過好幾年，才搞懂的珍貴。

／

和筋肉爸爸結婚八年了，婚姻愛情從炙熱激情轉為平淡無趣，甚至置身低潮幽谷的脆弱，現在，我們都因禍得福地有了許多體悟。

當我們在婚禮的誓詞中，說好要不離不棄、攜手共度艱困與歡樂時，那時真的很難體悟，這簡單的幾句話，原來需要經過這麼多的眼淚與心碎、破壞撕裂與重新建構，才可能夫妻攜手到白頭。

### ◊ 一個要共度的難題是「生養孩子」

這是我們的第一個挑戰，在婚後第二年。

養孩子不比養寵物容易。嬰兒時期照料吃喝拉撒睡，夫妻付出去的支出叫「睡眠」與「體力」。對這個定時喝奶、不定時吐奶的小生命，必須耗費體力與睡眠來不間斷看顧；必須犧牲的叫「個人興趣」與「自由時光」，既然都得犧牲睡眠了，哪來閒情逸致去顧及興趣的維持與培養？那是極度奢侈的妄想。當然還有金錢的花費，多養一個小傢伙，吃用都需要錢。如果要上班，勢必得請保母、找托嬰，也要撒錢。即使可以當個老公伸手牌，看人臉色請款的壓力也不是件小事。

## ◊一個要共度的難題是「柴米油鹽處處是錢」

再炙熱的愛情，到此刻也變成現實壓力的考驗。

原來多了個嘴巴，伙食花費會多這麼多；原來孩子出生了要規劃理財保險，額外支出又多一筆；為了孩子考量起買車買房，生活在天龍國養房養車都是天價花費，不努力開源節流，房子車子都只是遙遠的夢。此刻終於懂了，為什麼爸媽總是看起來節省辛苦、剛結婚時為什麼可以無憂享樂……原來都是因為沒有孩子。

## ◊一個要共度的難題是「無聊平淡」

孩子越長越大，開始要擔心他們的心智發展、健康發展、人格特質、興趣培養……

生活模式也固定了起來。不敢有隨意的多餘花費，夫妻在一起不是聊孩子狀況就是聊民生，愛情不知道去了哪；兩人努力賺錢養家，很難靜下心分享內心感受，以前只是擁抱就可以激發熱情的荷爾蒙，現在連睡在一起都懶得翻身去看看對方。日子都是一樣地過著，但少了掏心聊天與小情趣，就開始無聊了起來。

## ◊一個要共度的難題是「對別人心動」

在這八年，我們都曾經喜歡上別人。

那種喜歡，像是刺激了自己某個失去已久的內在，好像找到了部分存活的價值。日子開始有點不一樣，生活中多了期待與紓壓。在喜歡人的時刻或是被喜歡的時刻，不需要去想到生養教育、不需要去想到柴米油鹽，壓力少了許多許多，冒險的感覺被活化起來。

很自私的是，你不見得有多麼喜歡對方，就因為對方可以讓你逃離原本壓抑又失去自我的生活，所以感覺自己不可以沒有他。

這是很自私、很現實、違背婚姻誓言，不被婚姻所允許的。

所以我們從來不會去評論名人的花邊出軌新聞；真的有很多劣化的男人與女人，但也真的有很多只是想暫時找出口的男人與女人。

因為你從來不是他們，不曾參與那三百六十五天、二十四小時持續好幾年的夫妻生活，不曾面對兩個家族的各種瑣事，所以沒有人有立場可以去發表評論。人的一輩子說長也很長，沒有人能保證自己不犯錯，重要的是能否從錯中有體悟，不論結果是什麼。

於是我們差點離婚；

於是我們都曾經不願意原諒對方的背叛；

於是我們有好幾年，都拿著對方的錯誤不斷去拷打彼此；

卻沒有想過，什麼是檢討生活，什麼是原諒與放下，什麼叫做一起昂首往前看。

真正的攜手，是必須能夠放下過去，不再計較，從中找到互相可以改變的事。原諒很難，但其實原諒也很容易，只是一個轉念，願不願意放過自己而已。

## ◊一個要共度的難題是「疾病與意外」

在抱怨婚姻的千瘡百孔時，沒有想過，生命其實可以很脆弱，脆弱到彈指之間就消逝了，而你可能連再擁抱對方的機會都沒有。

於是我們經歷了，關於生命無常這件事。

老公中風後，在意識不清的期間，我才知道原來早晨起床可以互相親吻對方是多麼珍貴的事；原來可以一直傳簡訊分享生活，是需要兩個健全的大腦與肢體才能完成的事；原來不要為了生活一直吵架，好好說話、好好聆聽、好好疼著對方，是件「只要願意就可以做得到的事」。

從他倒下的那一刻起，我再也想不起當初為何要為柴米油鹽創業而吵架，搞不懂為什麼會不想要擁抱、親吻、說說愛戀的話；想不起來為何要去喜歡上別人，我甚至很後悔把部分的愛短暫轉移，而不是用盡全力一直愛著老公。失去過，才知道存在的珍貴，這一刻才體會了這一句老話。

當然我們很怕生命會再出現什麼意外，所以現在每一時每一刻，都要用盡全力地去愛！去愛他、他愛我、我們愛孩子，然後教會孩子去體會這些事。

◊ 一個要做好的準備是「總有一位會先離去」

這是我們要面對的功課，不論是多久以後。

兩個足夠獨立的個體：包含經濟獨立、生活獨立、思想獨立，才能夠有本事在只有自己一個人時，腳步不紊亂得去面對從不等待你的每一日。

真心謝謝，最棒的筋肉爸爸，現在依舊甜蜜蜜地陪伴在我身邊，給我很多愛，而我也給他很多的愛。

我們也懂了，婚姻當初的誓言，什麼叫做「患難與共」、「白頭偕老」、「不離不棄」。其實，就是珍惜這如常卻珍貴的愛；其實，就是夫妻間牽手，昂首著走向未來。

原諒很難，但也很容易，
只是一個轉念，是否願意放過自己——

# 我們，都會為了彼此，變得更美好。

週末，一家三口窩在家。早上，兒子抱著我們搓來搓去進行他的起床儀式；中午後，筋肉父子複習下週段考內容，我在跑步機上看劇跑步舒緩壓力；晚上，為家人做營養料理，爸爸陪兒子洗澡，我則幫爸爸洗頭保養。

這是我們一起共度時間的方式，樸實簡單，每天都幸福感濃濃的。家人間做好彼此該做與想做的事，享受黏在一起的儀式與時光，多棒！

但是在以前，卻不懂得這樣的人生⋯⋯

假日在家覺得無聊、逛街逛到無趣、感到日復一日；做菜覺得累、盯念書覺得煩、不想陪誰洗澡⋯⋯這些每天都會發生的日常小事，因為太如常了，所以根本沒有用心去體會。

讓許多女人落淚的韓劇《哈囉掰掰，我是鬼媽媽》，有一集的主題是〈不要虛度寶貴被賦予的人生〉。

「早知道我們相處的時間那麼短暫，我就不會虛度寶貴的每一天了。」女主角在片頭說。

「早知道我們擁有的時間會如此短暫，我就不會這麼馬虎，對待生活中這些瑣碎小事。」男主角在片尾說。

好比嫌棄另一半老是褲子襪子隨手亂丟、馬桶上常常有男士的尿漬待清理……又譬如，兒子期待家裡有花有草、想要吃到媽媽料理的滷雞腿……因為一忙就有了「之後再做」的心態而無限拖延。

總以為，生活是一輩子，有好長好長的以後、好多好多的明天，所以有了馬虎、拖延的心境。

筋肉爸爸住院尚未清醒時，我在家翻到一條他中風前幾日買的洗面乳，我看著那條洗面乳一直哭！想到老公在超市挑選的畫面，我還碎唸：「好貴喔，你確定好用嗎？」

躺在病榻的那一刻，我卻無法知道，他能不能再用上自己挑選的洗面乳。

過去如常的每一天，不代表明天依舊；所以，現在不論面對什麼事，我都不再馬虎、不再拖延、不再蹉跎。包含了善待自己（愛自己才能身心健康）、包含對家人的給予（能給予很幸福喔），當然還有享受天倫（世間最美的事）。

疫情期間，居家面對家人的時間很長，許多朋友夫妻開始大眼瞪小眼爭吵不休，或為了孩子學業的小缺失氣結不已。

比起失去，這些小事太不足以掛齒。

我開始懂得生活與天倫，是在差點失去以後，何其幸運，我們家有了第二次機會，能夠訴說彼此的愛。

我們不再只是追求未來，而是「做好、做滿」，活在每個當下、活

不犧牲自己、不怠慢家人，
幸福，就藏在每個現在的瞬間——

在現在！

以前的我們，不需要被拿來定義以後的我們！我們對於未來都有選擇快樂的權利。

不需要追求未來，
活在每個當下——

# 寫在最後，給我親愛的老公。

／

睡前，躺在床上時，我用雙手虎口圈住你的手臂，發現他們真的纖細了許多。以前，你最愛我用手幫你量手臂，誇張的時候，我兩手手指都碰不到。

我好想念你那強而有力的臂膀，輕輕鬆鬆就可以把我抱起來，單手就將兒子舉到肩膀上。那時候，我們對你充滿了依賴，有點任性。你就像座長城，把危險阻隔在外，自己受風吹雨打的，沒有怨過一次累。

「八年來的婚姻，一次喊累都沒有」，把你累倒後，我才在昨晚突然意識到這件事。真的好慚愧，以前我不懂得珍惜愛……雞蛋裡挑骨頭，爭吵比甜蜜還多。於是，習慣了你每一天都很強壯，沒料過有一天，你會像朵玫瑰，帥氣綻放依舊，但更需要被呵護。

我心想，以你的個性，一定有很多害怕與擔憂，又悶著不說出來，就像八年來不喊辛苦一樣。

昨天你問我：「妳為什麼會喜歡我呢？」

不只是喜歡啊～而是很愛。

我開玩笑回答：「我顏控啊！因為你很帥。」

「但是現在不帥了啊……」你說。

於是，我想讓你知道：現在的每一天，我都比昨天更愛你一點，對你充滿了珍惜與疼惜。

這與你壯不壯無關、冠不冠軍無關，我愛的，是你的靈魂。想念過去歸想念，但我最幸福的是，有你依然在我身邊。

誰知道呢？哪一天才能再一起比賽。

但是人生的旅程，才是奇幻的冒險。而我們正走在，這趟獨一無二攜手前進的路上。我們，都會為了彼此，變得更美好。

我和兒子很愛你喔～

# Lesson 3

## 下半身放鬆／柔軟身段，和你一起走得長長久久

現代人習慣長時間久坐，尤其是不正確的癱坐，會讓骨盆往後轉，再加上蹺腳的壞習慣，更會導致骨盆歪斜，讓從骨盆開始到大腿內側的肌肉呈現收縮緊繃。如果臀部、大腿後側肌肉也無力，就會倚賴大腿前側來支撐身體做動作，試想看看，一次爬很多層樓梯的時候，是屁股痠？後側肌肉痠？還是大腿前側肌肉痠痛呢？

現代人的屁股、大腿比較沒有力氣，身體會徵召大腿前側的股四頭肌來工作，久而久之，大腿前側就會變得緊繃。這也是為何很多人在訓練初期變壯的不是屁股或大腿後側，而是大腿前側變發達。而生過孩子的媽媽在懷孕過程中，骨盆會前傾以容納寶寶，大腿前側經常處在使力的狀態下，緊繃是常有的事。放鬆緊繃的大腿前側，才能幫助臀腿的訓練，同時改善因前側肌肉過緊導致的膝蓋疼痛。

利用滾筒能讓下肢肌肉更柔軟，改善筋膜含水度、提升關節活動度，增加肌肉血容量，進而刺激皮膚中的血流量增加，溫度升高後更加速血液循環。

本書將帶領讀者按摩下列部位。

・**大腿前側肌群：**股四頭肌，由股直肌、股中間肌、股外側肌和股內側肌所組成。

・**大腿內側肌群：**由恥骨肌、長收肌、骨薄肌、短收肌、大收肌所組成。

・**大腿後側肌群：**又稱為膕旁肌，包含股二頭肌、半膜肌和半腱肌。

後續我將針對上述部位分享用滾筒、PNF伸展的筋膜放鬆。運動前別忘了檢測各部位的柔軟度，才知道身體有沒有進步喔。

解說看這裡

大腿前側肌群

自我檢測

單腳站立，一腳往後彎起，感覺大腿前側肌肉的柔軟度。換邊動作。

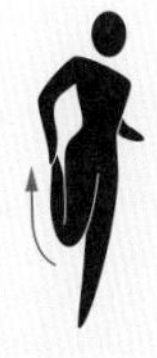

跟做影片

## 滾筒按摩

▧ 慢滾6下、快滾6下

身體趴臥，將滾筒放在大腿下，前後慢速滾動6下，快速滾動6下。

也可以一次滾動一隻腳或一腳放在另一腳上，按摩得更深層。

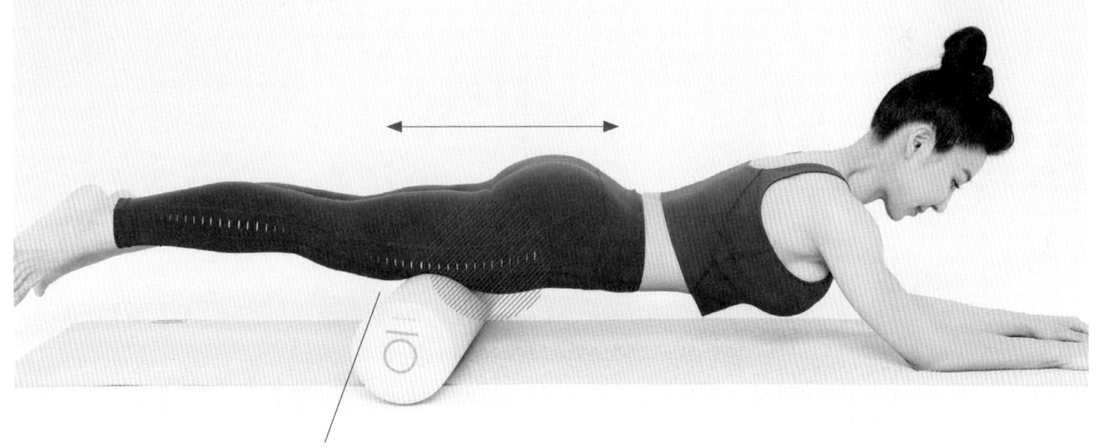

注意不要壓到膝蓋，以免受傷。

跟做影片

## PNF伸展

▧ 用力10秒、伸展20秒為1回
▧ 共3～5回

左腳屈膝，右腳往後伸直，右腳下壓10秒的同時將左腳往身體收回。放鬆身體20秒，重複3～5回。換邊動作。

過程中，避免憋氣。

一大腿後側肌群一

跟做影片

自我檢測

身體前彎，雙手自然下垂，感覺身體後側肌肉的柔軟度。

## 滾筒按摩

▧ 慢滾6下、快滾6下

身體坐在地板上，滾筒放在大腿下方，慢速來回滾動6下、快速滾動6下。換邊運動。

## PNF伸展 ①

▧ 用力10秒、伸展20秒為1回
▧ 共3～5回

身體坐在地板上，右腳向內盤，左手抓住左腳尖往身體拉近，左腳掌做出足部蹠屈動作（腳尖下壓）用力10秒；放鬆身體足背屈（腳尖上勾）伸展20秒，重複3～5回。換邊動作。

跟做影片

跟做影片

## PNF伸展②

▧ 左右各10次

準備拉力帶，身體坐在椅子上，雙手抓住帶子的兩端。右腳踩住帶子，以1秒的速度抬起（膝伸），3秒的速度放下（膝屈），重複10次。換邊動作。

— 大腿內側肌群 —

跟做影片

自我檢測

雙手舉高，雙腳往外打開，膝蓋與腳尖同方向，身體下蹲至最低，感覺大腿內側肌肉的柔軟度。

## 滾筒按摩

▧ 慢滾6下、快滾6下

身體俯趴，滾筒放在右腳大腿內側下方，來回快速滾動6下，慢速滾動6下。換邊動作。

跟做影片

# PNF伸展 ①初階

▧ 用力10秒、伸展20秒為1回

▧ 共3～5回

身體坐在椅子上，右腳蹺腳（腳踝放在左膝上）。右手將右大腿下壓、右大腿往上抬用力10秒；身體向前傾趴下，雙手自然垂下伸展20秒，重複3～5回。換邊動作。

不要壓膝蓋。

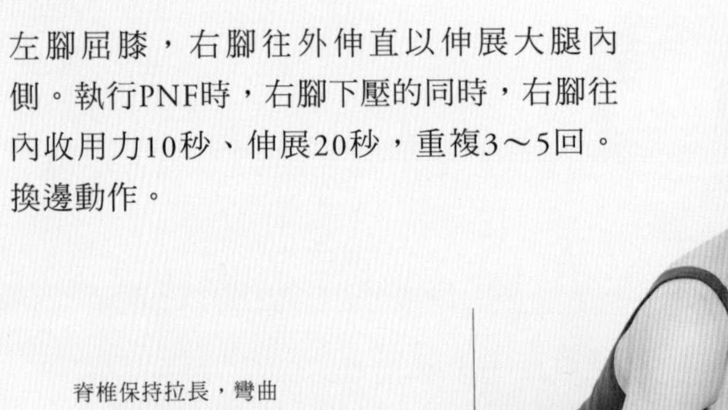

## PNF伸展 ①進階

▧ 用力10秒、伸展20秒為1回

▧ 共3～5回

左腳屈膝，右腳往外伸直以伸展大腿內側。執行PNF時，右腳下壓的同時，右腳往內收用力10秒、伸展20秒，重複3～5回。換邊動作。

跟做影片

脊椎保持拉長，彎曲的腳務必髖、膝、踝位在同一直線上。

跟做影片

## PNF伸展②

▧ 左右各10次

將拉力帶兩端綁起繞成一個圈，套在雙腳腳踝，左腳站立，右腳以1秒的時間往外抬起，3秒的時間放下，重複10次。換邊動作。

這個動作可運動到臀中肌（腿外展肌群、足內收肌群的抗拮肌）。

腳尖朝前方。

# 下半身放鬆菜單

上述介紹的9個動作，大家可以選擇單個動作來伸展舒緩，若想完整串連，我也安排了最佳順序，跟著我的QR-Code示範，就可以放鬆下半身。

對位特製
訓練菜單

①

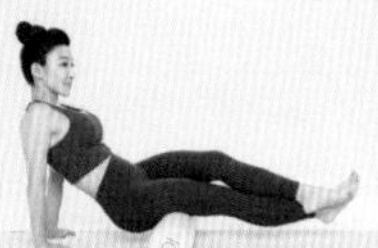

大腿後側肌群／
滾筒按摩

▩ 慢滾6下、快滾6下

②

大腿後側肌群／
PNF伸展①

▩ 用力10秒、伸展20秒為1回
▩ 共3～5回

③

大腿後側肌群／
PNF伸展②

▩ 左右各10次

④

大腿內側肌群／
滾筒按摩

▩ 慢滾6下、快滾6下

⑤

大腿內側肌群／
PNF伸展①初階

▩ 用力10秒、伸展20秒為1回
▩ 共3～5回

⑥

大腿內側肌群／
PNF伸展①進階

▩ 用力10秒、伸展20秒為1回
▩ 共3～5回

⑦

大腿內側肌群／
PNF伸展②

▩ 左右各10次

⑧

大腿前側肌群／
滾筒按摩

▩ 慢滾6下、快滾6下

⑨

大腿前側肌群／
PNF伸展

▩ 用力10秒、伸展20秒為1回
▩ 共3～5回

# 番外篇／筋肉媽媽的祕密日記

你是你，我是我；
你有自己的世界，我有專屬的星球；
你是自由的，我是不羈的；
但因為彼此加在一起，我們內心才更充實幸福。

## 2019.9.4 週三

今天，如同以往，早上筋肉爸爸早起送兒子上學。兒子是小學新鮮人，還無法進入狀況，好險他沒有吵著要回家。老公回家後，照例因為熱便洗了澡，回房睡回籠覺。

這時候我已經起床，弟弟因為想剪髮，所以傳訊息問老公設計師的LINE，老公回傳了訊息，我繼續在客廳吃早餐看新聞。這個時候，筋肉爸爸的訊息顯示九點十五分，變成了救命訊息。

約莫隔了半小時，我準備化妝出門，一邊搽隔離霜，一邊跟老公講話碎唸。這是我們的習慣，即使睡著，他聽到我說話也會有反應。但這次他的回話好怪！像是在說外星話，詞不達意、牛頭不對馬嘴；身體像是被捉住的蝦子，在床上彈來彈去的，應該是想起身起不來。不管問他什麼，都像含著滷蛋說話……有點像是中邪。

我以為他在鬧，生氣地重複：「你開玩笑也要有限度，嚇到我嘍！」多希望他那時是在嚇我！可惜不是，於是我叫了一一九，同時焦急地打電話給弟弟。

救護車十分鐘就到了，這時應該剛過十點吧。急救人員現場判定筋肉爸爸可能是中風（四項中風指標有三項符合），問我要送哪家醫院？當下我的心又慌又亂，根本搭不上話！急救人員建議送住家附近的教學醫院，我隨便抓起錢包、鑰匙就跟上車。這一切都好不真實，老公半昏迷狀態，被擔架綁著；我甚至想不起來自己是怎麼上下救護車的。

救護車的嗚笛，像老公生命要消逝般地急促！我還在驚嚇中，前天不是還在度假嗎？明天不是要全家一起拍廣告嗎？這到底是怎麼了！

急診室醫師做了許多檢查以確認中風類型。老公半昏半醒、神智不清，右邊身體不能動了，但左半邊身體的力氣依舊很大，醫護人員根本壓不住他，只能用繩子綁著，避免亂動導致中風狀況更嚴重。得推去做核磁共振檢查，確認是腦出血還是血管栓塞，才能開始急救，但醫生卻壓不住一直亂動想要掙脫綁帶的他。

於是我穿上隔離衣，跟著進檢查室幫忙。

他力氣真的很大！顯影劑根本打不進去！點滴針頭被扯下，不斷噴血、動來動去的照不出東西……但是此刻分秒必爭，不然腦神經都要壞死了！我安撫著像是困獸的老公，希望他安靜下來，我一直哭，死命地用身體壓住他。

只是為什麼他不聽話呢？甚至連我都不認得了，一直用蠻力推開我，他不想好起來嗎？折騰了好久，度日如年的時間運行，終於，檢查出來是大腦血液栓塞中風。

還好有手機訊息可做老公最後清醒時間點的依據，判定在中風後三小時內送達醫院，所以可以施打栓塞溶解藥劑。

接下來的畫面，我只記得老公神智不清、穿著尿布、插著尿管、口水一直流、翻著白眼……醫生向我解釋藥劑有六％的機率可能造成腦出血，我必須簽下病危同意書，才能開始急救。

這時候反而哭不出來了。我非常驚嚇，老公早上還是活跳跳的啊！但我必須冷靜，現在開始得處理許多事情了。

老公在十一點多施打栓塞溶解藥劑，之後被推進 MICU 加護病房。我在門口守著不能進去，醫生走出來說，已經過幾個小時了，手腳還是不能動，可能不樂觀！

住院醫師講的都好悲觀，說過往看過的案例，打了藥還起不來，之後可以恢復走路的機率只有三成，可能得一輩子靠輪椅。護理人員問我要不要請看護，因為這樣的病人要長期照料，家人應該無法處理……

然後，什麼都不太記得了，只記得我想待在老公身邊，我怕一離開就再也看不到他，但加護病房有探病時間，我只能陪他一下下。探病結束後，我待在加護病房外，直到奶諾快下課了才驚覺沒有人接送，聯繫了老爸幫我帶孩子回家。一下子，人生都變了，好難好難接受！

我會失去老公嗎？老公會殘廢嗎，未來還能動嗎？他會記起我嗎？他需要住院好幾個月嗎？我有錢讓他醫治嗎？孩子怎麼辦呢？不是下個月就要去歐洲比賽嗎？婆婆說老公的保險一天只能給付一千多而已，我該怎麼擔起後續照料？

當天晚上，到了探訪時間，看著老公被綁在床上，各種儀器監測著生命狀態。打了栓塞溶解劑後的二十四小時是危險期，如果血壓飆高可能腦出血。住院醫師說，要我好好想想後續的照料，提醒我趕緊找看護。

因為，栓塞溶解劑打了這麼久都還不太能動，恐怕得在醫院待上好一陣子。

老公他好像知道我在旁邊，全身被束帶綁著還是一直暴躁，說些我不懂的話，像是：「我們、搭了兩艘太空船來到地球，有一艘破了，另一艘……妳找找在哪？」天啊我要瘋了，難道他連神智都不清了？他會退化成孩子嗎？

偶爾他會清醒，一直看著我流眼淚，然後又變回躁動的狀態。

探訪結束後回到家，兒子已經被哄睡，什麼都不知道，以為爸爸只是手扭傷住院。我無法入睡，但我知道從現在開始的每一刻，我都必須堅強、健康，才能照顧好兒子與丈夫。

我搬來兒童地墊，躺在兒子床下，握著他的手，感受到兒子的平靜才逐漸睡著。

## 2019.9.5 週四

已經好久沒有這樣早起床，整個早上我都怕嚇到孩子，保持著笑臉與鎮定，送兒子進學校後，就衝到加護病房看筋肉爸爸。好在他生命跡象穩定，但還是持續說外星話、流口水、不能動。

早上他又被推去照核磁共振，檢查藥物施打後的大腦狀況：栓塞溶解了，大血管通了，但小血管還是不通。是 Internal Capsule Stroke，左腦內囊細胞死亡，傷害到大腦控制右半邊運動的神經部分，導致他右半身不能動，需要漫長的復健。至於其他的復原，只能同時觀察。連主治醫生都講得很悲觀，感覺不可能恢復原狀了。未來，能走就不錯了，似乎不希望我抱著期待。

閨密們來了，此刻我才崩潰大哭！我不知道孩子才小一怎麼辦？如果筋爸智力受損怎麼辦？復健是什麼，要多久呢？我一直哭。

因為沒有腦出血，當天下午便離開 MICU 住入單人房。為什麼要住單人房？因為他嚴重躁動，醫生擔心他照不到陽光，沒有時間概念，腦袋會更亂、狀況更糟。

決定請看護了，我真的不知道怎麼照顧他，我真的不知道醫藥費從哪兒來。但是，問題來一個，擋一個吧！總要有人沉著面對。

他一直睡、一直睡，很少醒來。看起來真的很糟，全身插滿了管子——鼻胃管、尿管、點滴，彷彿要把過去沒睡飽的覺都補回來！自責感充滿我內心，一定都是我太懶讓他太累、都不送孩子上學，半夜還逼他腦力激盪……所以他才垮下來。

下午，男看護來了，一天兩千二，單人房一天五千多，錢啊～從哪裡來？

筋肉爸爸偶爾醒來，卻連翻身坐起都無法！可能身體壓著難受，看護幫他起身時，他異常暴怒：「笨死了，這誰啦，不要啦！煩耶！」

他又昏睡了……聽說，有的人中風後情商會低、脾氣會變……他會嗎？看來，筋肉爸爸得停課一陣子了。回家簡單收拾東西，開始聯繫工作室事宜，再回來陪一直睡著的老公。我只想在他身邊不要離開。

## 2019.9.6 週五

第三天了，這不是噩夢，因為沒有醒過來。

生計要顧，排定的工作得如期完成。即使我的精神緊繃、老公還在容易復發的急性期、醫療都還沒安排妥當……但是，我得乖乖去工作，才能維持這個家。

我是個大人了。不是因為年紀大就是大人，而是學習負責與不逃避、不退縮，逐漸磨練成大人！我離開醫院，為包班的同學進行教學。沒有人知道我家發生什麼事，我不能在上課中紅眼眶，更不能哭、聲音不能抖；要很專心、心無旁鶩、切割掉自己的情緒，才能專業地把課程教完。但是，上課到一半時，公公突然打電話來說筋肉爸爸清醒了，想跟我說話。

我跟學生說：「接個家裡重要電話，休息十分鐘！」說這些話時，我還是笑咪咪的，沒有太多情緒，以免大家看出端倪，影響了專業度。

電話那頭，傳來筋肉爸爸咬字不清虛弱地叫著：「老婆……」好難受啊～好想飛奔到他身邊。「我很快就回去，你要乖乖喔～我在上課，我很掛念你……」即使激動，但是不能被聽出來，表情也不能變，學生都還在呢。

「好～」他說。後來聽公公說他又昏睡了……

他很愛我吧～才會這樣燃燒自己也要帶兒子上課，半夜陪著我不睡覺，只是為了愛我。我真的很自責，覺得自己爛透了，都是我害他過勞才中風！

課程順利嗎？還滿好的。感謝主讓我順利完成工作。事實上，剛進教室時好想哭！這是我們共同創立的工作室，裡面都是他健康的身影！老公在健身、老公用器材、老公在教課、老公在自拍、老公與兒子一起運動……怎麼一下子風雲變色了呢？他要何時才可以再走進這裡，帥帥地拿起啞鈴呢？

晚上，奶諾第一次看到生病的爸爸。而筋肉爸爸看到兒子感覺精神了起來，第一次能清醒五小時。奶諾表現得異常鎮定，即使看到爸爸滿身管子也沒有哭泣，只說：「爸爸，你要趕快回家。」

中風後的變化真的很虐心！晚上老公突然說呼吸不舒服，又開始躁動講些聽不懂、沒邏輯的話！怎麼又意識不清楚了？住院醫師來監測心率，說有點高，得抽動脈血做檢查。插了兩針才抽出血，血還一直噴出來，心疼死了！

到底，他什麼時候才能穩定下來？如果，明天、下一刻又突然惡化該怎麼辦？

## —2019.9.7 週六—

中風後七十二小時是必須密切關注的急性期，但第二個七十二小時也不可輕忽。每天心都揪著、掛念著、害怕著。但是我還是得工作！今天是健身工作坊：女性增肌減脂班，原本老公是助教，現在只能我一個人去上課了。

現在我的願望好渺小，只希望老公能每天往好的方向發展，不要再離開我了。

壓力真的會逼出人的潛力，或者是上帝幫助我吧！雖然是自己編寫的教材與講義，但這回竟然是史上講得最順的一次。學科、術科都融會貫通地呈現，大家的滿意度也很高。真是有點諷刺，是我以前不夠努力嗎？

老公到今天還是無法自己進食。因為喝水會嗆到，醫師擔心嗆到反而導致肺炎，只能再繼續插著鼻胃管。

上週，在同一個教學場地，老公還好好地開健美備賽課，為什麼現在躺在醫院昏迷呢？

同學散去，準備趕回醫院，在路上哭了一下；從這一刻開始告訴自己，哭不能解決問題，要哭要發洩只能幾分鐘。哭一下就要收起眼淚，持續為生活與家人繼續拚下去，別浪費時間哭泣！

雖然很不敢想，但是我得想到所有最壞的地方。他能否有如同過去的理解力呢？智力會退化嗎？如果發生了，我該怎麼面對現實？總之，好心酸，這一切，多讓人難受。

接兒子放學的路上，我還是哭了。也只能這樣哭一下下吧！又哭什麼呢？老公在我身邊，會一直康復下去的，可能只是一個情緒的發洩又或者還不習慣生活的轉變吧！

—2019.9.9 週一—

老公清醒的時間變多了。下午，看護幫他坐起身，用電動床、枕頭撐著軀幹，希望能清醒久一點。他竟然開始擔心起工作室，自己看工作室的官方通訊軟體，嘗試跟我對內容，逼我回覆問題。

但他一直眨眼睛，好像看不清楚。接著又擔心我工作太晚、要我趕快回家，還教我怎麼在教室鋪瑜伽墊。可能，老公腦袋的訊號還很亂吧，以為我不會鋪墊子。自己都癱瘓了、插滿管子，為什麼還會顧著我、關心我、擔心教室狀況呢？好不容易情緒才穩定，我又忍不住哭了！

為什麼人總是到了急難關頭才能看清事實？過去我總認為筋肉爸爸工作不夠負責、吊兒郎當，覺得他不夠愛我關心我，覺得他心思都在自己的健美賽事上而不是好好經營教室……

為什麼非要等他身體殘了、腦子受損了，才發現他依舊把我放在第一位，才知道以前都是自己的臆測與主觀評判呢？

─ 2019.9.10 週二 ─

一大早，老公終於拔尿管了，也開始練習上廁所，雖然得用尿壺。今天是他倒下後第一次洗澡。雖然床與廁所只有十步距離，但對半身癱瘓的他來說，要進到廁所好不容易！先要看護先生將他扶坐起來，和公公一起幫他坐上輪椅，推進廁所，再被扶上馬桶才能洗澡。

這些生活日常～原來一切都這麼不簡單、不該習以為常的。現在，他只要能洗個澡，就會開心；以前想到要洗澡，還覺得累。要是能自己坐起來就好了，這麼渺小的願望其實卻很巨大！

他洗過澡，換上自己的衣服，感覺應該舒服很多。下午，我得跑高雄演講，也是第一次離開生病的他。

之前，老公像是要把沒有睡飽的覺給睡回來似的，一口氣睡了好多天，我好怕他不會再醒來。所以可以想見，高雄教學時突然接到筋爸傳來的簡訊，我有多驚喜開心！

他自己傳了簡訊問我「在幹麼？我想妳～」還自拍一張相片給我看。熱淚盈眶，這是我婚後八年來收過最棒的禮物！

— 2019.9.12 週四 —

陪伴中風後病人康復的過程，每日都像等待開樂透。

怎麼說呢？因為中風後腦傷範圍有可能擴大，或者醫生看多了病人千奇百怪的變化，復原狀況因人而異。所以他們都會回答家屬：「再觀察看看。」雖然家屬的心總因為這樣的答案而懸著，但仔細想想，也沒有其他適合的回答了。

我們再觀察看看！於是，每天都在等開獎，真的很怕中獎——中了老公「回不去了」的獎。

今天才發現老公連右半側視覺都變窄，真的晴天霹靂！難怪老公一直擦眼鏡，擦到鏡片都花了，這才發現是中風影響視力。看護先生說中風會導致視覺狹窄，他有很多客戶都靠針灸改善，最好在中風後一個月內黃金期開始。

但是，現在的醫院沒有中醫會診，還在神經內科的老公也不被准許外出。我好著急，這時才知道醫療上有這麼多眉眉角角得注意。這一刻，我下定決心要立刻幫筋爸找可以中西醫會診的醫院轉院，但談何容易呢?因為每家醫院的復健科都很難排到床位。

做職能復健時，也發現老公記憶力變得很短暫。他無法記得前一刻的事，也說不出自己所在的醫院，還非常易怒。陪他復健，心情好複雜，每一刻都是擔憂與恐懼並存，但我必須笑著鼓勵，說他好棒。

— 2019.9.13 週五（中秋節）—

週末時，奶諾都會來陪爸爸一整天。兒子在旁邊，老公的笑容變多了，也比較不嗜睡，可以一直坐在床上；下午甚至還陪兒子去附近公園玩，一起曬太陽。

但看到公園的人群，筋爸好像有點瑟縮，要我把他推到安靜沒人的地方。是呢~未來還有他重新回歸社會的問題要克服，多希望他的心，可以更強大。

今天在粉專發了訊息，讓大家知道筋肉爸爸中風了。反正，我們就是樂觀面對，保持勇敢正向的能量，不管怎樣，未來一定會更好的！

## ｜2019.9.19 週四｜

主治醫師會診說老公貌似腦傷部分有擴大，腦部血管血流也不夠快，血管還是很細，需要繼續打血液循環藥，直到轉至復健科為止。因此，必須再待在腦神經內科觀察一週。我也如火如荼地到處掛號、找醫院，期望可以銜接上轉院。

然後，我罵了老公呢！開始不准他一直看電視，要他醒著就多練習鏡相遊戲與復健。不然，看他一直在放空、發呆、沮喪，實在很令人著急。結果，怎麼覺得對老公凶一點、罵一下，不論記憶或是認知能力他都恢復許多了？

—2019.9.20週五—

今天，老公第一次練習用懸吊走路。

看他很努力的樣子、吊起來後重心不穩的樣子、每一步踏出去都辛苦的樣子……像個小孩般學走路，我真的充滿心疼，好想飆眼淚。吊帶卡在褲襠上，他看起來像個傀儡娃娃，完全無法靠自己支撐起來；表情看起來好痛苦，但他努力地做滿三十分鐘。

老公雖然脾氣怪、容易暴衝，但一直是很努力的人。他有他的專才與興趣，以後，就讓我處理行政雜務、養家，他就在他喜愛的事情上努力吧！我只要他活得開心就好了！

回到病房，幫老公按摩後，爬上復健床，在他懷裡睡了一下。即使現在他的手無法感覺正在環抱著我，但我們的靈魂是緊緊相擁的。

| 2019.10.5 週六 |

老公轉院了，今天開始練習走路。他穿著保護護具，讓看護拉著腰上的綁帶，拿著四腳拐杖走醫院的走廊。聽說，走一圈，我花五分鐘，他花了一小時。

| 2019.10.6 週日 |

筋爸持續地練習靠拐杖走路，走一圈走廊變成只要半小時。

我沒有陪他，隨著他越來越好，轉到讓人心安的醫院，我得放更多心思在自己身上。今天是第一屆全國盃健美賽，有五百多人參賽的隆重賽事，而我是選手。

過去因為愛相隨，陪老公比健美，比到後來一起參賽。不管是國內賽、國際賽、成為國家代表隊選手、到大陸比賽，他都陪著我幫忙打點一切。今天沒有他，但他也在努力著；我必須更強大，我要打完這場自己的比賽。

結果出爐了。我的成績，女子比基尼一六三公分級冠軍。

一個多月前，當筋肉爸倒下的那一刻，我以為自己不會再比賽了。但隨著照顧他、照顧兒子，同時還要照顧好自己的一日又一日，我突然理解一個事實：

沒有任何理由，可以讓女人放棄自己的嗜好與目標，活出自己，才有快樂，才能有能量照顧好身邊的人。若犧牲全部的自己去換取一時，就像把髮絲用大火燒著，只會快速變成灰燼，又臭又無法產生能量；被照顧者，看到心愛的人為自己辛苦憔悴，自責與內疚壓力又何其大呢！

要成為充滿能量、健康的髮絲，要養、要照顧；髮絲才能保護頭皮，不再寒冷。何況，這個夢想曾經是我和老公共同的嗜好，我應該繼續下去，還要做得比以前都好！

老公的科學化健體備賽方式，用更健康的方式讓選手呈現更棒的體態，並且超越了以往的自己。

他教過的選手們一一得獎時，我感動到眼淚一直在眼眶打轉……他都不知道，自己真的很棒很棒，影響了很多人。不論以後他是否再比賽，筋爸對於台灣健美的正向影響力，都不容小覷。

— 2019.10.19 週六 —

從九月初他被擔架抬出去後，就沒有踏進家門過；今天，老公終於可以出院回家了。原來，能夠回家是這樣地彌足珍貴！

那段過程，隱約記得幾個時刻：

朋友傳訊息告知，老公現在住的醫院不擅長處理中風，最好趕緊轉院。這是令人心慌意亂的消息，我直覺打開 LINE，傳訊息問筋爸該怎麼辦。打到一半驚覺……這時的他正昏迷躺在病床，手指懸在手機按鍵上，眼淚忍不住流下來。是啊～他不只是我的愛人，也是好朋友、好軍師。

但此刻，我甚至不知道哪天才能再跟他訊息來訊息去。

還有一次，趕上班的途中，眼前是間喧鬧的餐館，裡面坐滿了家庭聚餐的人們，孩子、長輩們、爸爸與媽媽。我看著這些人享受著天倫之樂，忽然悲從中來想著「知道你們現在有多幸福、多幸運嗎？我也好想這樣健健康康地一起吃飯，像以前一樣。」有點像是賣火柴的小女孩。故事裡，小女孩在寒冬中看著屋內的幸福家庭，自己卻是孤單一人，於是點了根火柴取暖許願……雖然是暖暖的九月，眼眶慢慢凝聚淚霧，我的心，很冰寒、很悲傷。

但我沒有時間可以沮喪哭泣！

多數時候，只能挑時間哭一分鐘就繼續往前走。譬如，真的很難受時，我只准許自己在等紅綠燈的那一分鐘哭泣，綠燈亮了，就要擦乾眼淚，因為家裡還有個剛上小學的兒子、我必須完成筋肉爸爸的教學，還有自己的工作得做。

我得調整腳步、分配時間，照顧好需要照顧的老公與孩子。沒有時間哭了，哭都是浪費時間，我沒有任何時間可以浪費在無謂的情緒上。

老公中風第三天，我開始筋膜運動教學，第五天是女性增肌減脂研習班……我不能讓私事影響教學品質。我必須做得更好，比以往都好，才有照顧家人的能力。一開始，只是逞強地做，後來，我就真的變強了。

這段旅程中，也有振奮人心的時刻！

為了能夠健康、更保有體能，每天我都跟兒子十點前上床睡覺，早上六點起床！送他上學後，立刻前往工作室運動，保持最佳狀態再開始教學。

有一天早晨運動時，陽光透過窗戶，灑進教室地面。

我走向那些光，想感受被光明擁抱的溫暖。然後，那些光線彷彿有生命般，暖暖地在我耳邊說：「妳不能為了照顧家庭而犧牲自己所有！妳好起來，家庭才會更好！不管妳有什麼夢想，都不該為此中斷放棄。」

那一刻，我決定了。三週後，原定要比的健美賽事，要繼續拚下去，即使沒有筋肉爸爸在身邊陪伴。

找醫療資源、工作、陪伴復健、照顧兒子、鍛鍊自己……當我把部分的心思收回給自己，即使在這麼艱困的時間，靈魂就少了一點悲傷、多了幾分動力，日子，會繼續好下去的！

婚姻走到八年多，許多夫妻，包含之前的我們，都對對方的存在習以為常。失去熱情後開始抱怨彼此，更多的嫌棄替代了愛情。日子穩定了，就忘記要找尋更多新機，讓家庭生活更豐富，反而開始抱怨、雞蛋裡挑骨頭，這叫做沒事找麻煩。

我現在才知道，能夠和老公傳訊息是多幸福的事！能夠抱著他、被他抱著摸著、聊聊天是多大的恩典！這樣平凡的如常，我卻感到好幸福好幸福。

國家圖書館出版品預行編目資料

我愛，我強大：我和你，再一次愛上了我們，筋肉媽媽從筋膜到心靈的修復課 / 筋肉媽媽作 . -- 初版 . -- 臺北市：三采文化，2020.09
面； 公分
ISBN 978-957-658-390-2( 平裝 )

1. 婚姻 2. 兩性關係

544.382 109009452

個人健康情形因年齡、性別、病史和特殊情況而異，本書提供科學、保健或健康資訊與新知，非治療方法，建議您若有任何不適，仍應諮詢專業醫師之診斷與治療。

MIND MAP 211

# 我愛，我強大：

## 我和你，再一次愛上了我們，筋肉媽媽從筋膜到心靈的修復課

作者｜筋肉媽媽
副總編輯｜王曉雯　主編｜黃迺淳
美術主編｜藍秀婷　封面設計｜池婉珊
專案經理｜張育珊　行銷企劃｜周傳雅、金姵安
內頁設計｜Claire Wei　攝影｜藍陳福堂　梳化｜Younger Liaog
修圖｜林子茗　校對｜黃薇霓

發行人｜張輝明　總編輯｜曾雅青　發行所｜三采文化股份有限公司
地址｜台北市內湖區瑞光路 513 巷 33 號 8 樓
傳訊｜TEL:8797-1234 FAX:8797-1688 網址｜www.suncolor.com.tw
郵政劃撥｜帳號：14319060 戶名：三采文化股份有限公司
本版發行｜2020 年 9 月 4 日　定價｜NT$420